CW01661605

紀夫

Юкио
МИСИМА

Жажда любви

Роман

АЗБУКА

Санкт-Петербург

УДК 821.521
ББК 84(5Япо)-44
М 65

Yukio Mishima
AI NO KAWAKI
Copyright © The Heirs of Yukio Mishima, 1950
All rights reserved

Перевод с японского Александра Вялых

Серийное оформление Вадима Пожидаева

Оформление обложки Валерия Гореликова

© А. Вялых, перевод, 2000
© Издание на русском языке, оформление.
ООО «Издательская Группа „Азбука-Аттикус“», 2017
Издательство АЗБУКА®

ISBN 978-5-389-12112-6

...и я увидел жену, сидящую на звере багряном...

Отк. 17: 3

ГЛАВА ПЕРВАЯ

На днях Эцуко прикупила в универмаге Ханкю две пары полушерстяных носков. Одну темно-синего цвета, а другую — коричневого. Простенькие одноцветные носочки. Ради них ей пришлось проехать почти через всю Осаку и выйти на последней станции Ханкю. Расплатившись за покупки, она тотчас отправилась в обратный путь, чтобы сесть на поезд и поехать домой. Ей было ни до кино, ни даже до чашечки чая, не говоря уже о легком завтраке. Больше всего на свете Эцуко не выносила уличной сутолоки.

Если бы она решилась куда-нибудь пойти, то ей достаточно было бы спуститься по лестнице на станцию Умэда и на метро доехать до станции Синсайбаси или Дотонбори. Впрочем, стоит выйти из универмага и пересечь перекресток, как сразу же окажешься у линии морского прибоя, атакующего в часы прилива окраины мегаполиса под оглушительные выкрики подростков, расположившихся на обочине дороги и наперебой зазывающих прохожих почистить обувь.

Эцуко родилась и выросла в Токио, поэтому Осака была для нее чужой. Какой-то беспричинный страх охватывал ее в этом городе, населенном разношерстным людом: респектабельными коммерсантами, люмпенами, фабрикантами, биржевыми маклерами, уличными проститутками, наркоторговцами, служащими, мошенниками, банкирами, местными чиновниками, членами городского совета, певцами — сказителями гидаю[1], содержанками, прижимистыми женами, журналистами, странствующими актерами, официантками, чистильщиками обуви, — не они, не город порождал чувство страха в Эцуко, а, может быть, сама жизнь — та безграничная, переполненная обломками разных судеб, стихийная и грубая жизнь, обладающая свойством, словно море, неожиданно просветляться, приобретая голубовато-зеленый оттенок берлинской лазури.

Эцуко раскрыла сатиновую сумку для покупок и припрятала носки на самое дно. Вспышка молнии полыхнула в открытом окне. Вслед за молнией величественно прогремели раскаты грома. В магазине задрожали стеклянные витрины.

Налетел ветер и со всего маху опрокинул доску объявлений, на которой крепился листок с иероглифами: «Уцененные товары». Продавщицы кинулись закрывать окна. Помещение утонуло в сумраке, отчего казалось, что спираль в электролампе, которая горела даже в дневное время, накалилась еще ярче. Дождь, однако, не торопился.

У Эцуко вспыхнули щеки. Они начинали пылать неожиданно, без всякой причины, будто внутри у нее разгорался огонь. Однако это не было чем-то болезненным. Эцуко потрогала пылающие щеки, ощущая шероховатость ладоней, от приро-

---

[1] *Гидаю* — сказ, вид драматического сказа японской эстрады и театра.

ды нежных, но теперь мозолистых и грубых на вид. Щеки горели все сильнее.

В этот момент ей захотелось совершить что-то необычное. Например, выскочить на перекресток и смело окунуться в лабиринт городских улиц. Ее переполняло предчувствие счастья.

Что вселяло в нее эту решимость? Гром? Или купленные носки? Народ не прекращал толпиться между этажами. Эцуко бросилась вниз по лестнице. Она сбежала на второй этаж, со второго на первый, где находилась билетная касса. Она только мельком взглянула на происходящее снаружи. Ливень хлынул стеной. Наступая сплошным потоком, упругие струи дождя заливали тротуар, разбиваясь о мостовую.

Эцуко направлялась к выходу, и с каждым шагом к ней возвращалось обычное ее спокойствие. Она почувствовала усталость и легкое головокружение. Эцуко была без зонта, поэтому выходить на улицу не решилась. Да нет, не поэтому. Просто ушло ощущение восторга.

Остановившись у выхода, она проводила взглядом внезапно промчавшийся сквозь потоки дождя городской трамвай, который на мгновение заслонил дорожные знаки и магазинчики на противоположной стороне улицы. Дождь усиливался, рванулся к ее ногам, забрызгивая подол платья. Эцуко казалось, что люди нарочно жмутся к ней. Из всех толпившихся она была единственной, кто еще не промок. Ее окружали мужчины и женщины — видимо, офисные сотрудники. Все они промокли до нитки. Одни недовольно ворчали, другие отшучивались, пытаясь сохранить достоинство, несмотря на жалкий вид. Все, задрав головы, смотрели в небо в проливном дожде. Эцуко тоже. Ее сухое лицо затерялось среди других мокрых лиц. Казалось, что трассирующие струи падали на их лица под чьим-то точным прицелом. Вдали грянул гром. В этом шуме закладывало уши и цепенело сердце. Время от времени ревели автомобильные гудки. Станционный громкоговоритель захлебывался обрывками фраз, изрыгая адские вопли вместо человеческой речи, — от всей этой какофонии можно было запросто сойти с ума.

Эцуко вышла из толпы, которая покорно ожидала, когда прекратится дождь, и присоединилась к длинной молчаливой очереди за билетами.

* * *

Станция Окамати на линии Ханкю — Такарадзука находится в тридцати или сорока минутах езды от центральной станции Умэда. Скорый поезд идет туда без остановок. Многие жители Осаки из-за бомбежек покинули город, расселяясь далеко в пригороде, в результате чего население города Тоёнака увеличилось после войны в два раза. Эцуко проживала в деревне Майдэн, в пригороде Тоёнака, префектуры Осака. Впрочем, если быть точным, Майдэн трудно было назвать деревней, но, чтобы купить хоть какой-то товар, да подешевле, нужно было ехать в Осаку, потратив на дорогу чуть больше часа. Эцуко отправилась туда за покупками как раз за день до праздника осеннего равноденствия. Ей хотелось купить для подношения на алтарь фрукты дзамбоа, любимые ее покойным супругом Рёсукэ. К сожалению, в универмаге они уже были распроданы. Движимая угрызениями совести или другими мотивами, она подумала было продолжить поиски в другом месте, но именно в этот момент дождь преградил ей путь. Других дел в городе у нее не было.

Эцуко вошла в пассажирский поезд до Такарадзуки, заняла свое место. За окном по-прежнему хлестал дождь. Стоящий рядом пассажир развернул вечерний выпуск газеты, и запах свежей типографской краски вывел Эцуко из задумчивости. Она украдкой посмотрела по сторонам. Ничего интересного.

Раздался свисток проводника. Тяжело и удрученно дрогнула между вагонами цепь. Глухое скрежетание ее звеньев сопровождалось монотонными толчками. Поезд тронулся вперед. Это повторялось каждый раз, словно ритуал, когда поезд отходил от очередной станции.

Дождь прекратился. Эцуко повернула голову и посмотрела в окно, не отрывая глаз от потока солнечных лучей, рвущихся из облачных провалов к пригородным домам и улочкам. Казалось, к ним тянутся слабенькие и бледные ручонки.

* * *

Своей постоянной вялостью Эцуко походила на беременную. Даже ходила так же, сама этого не осознавая. Да и рядом с ней не было никого, кто желал бы исправить ее осанку. По этой походке ее узнавали издали.

Со станции Окамати она прошла воротами синтоистского храма Хатиман, затем оживленными улочками Комати. Она шла так медленно, что, пока добралась до окраины, опустились сумерки.

В муниципальных домах зажигались огни. Чтобы миновать этот убогий поселок из сотни или более одинаковых крохотных домиков, сдаваемых за одинаковую арендную плату, был более короткий путь, которого Эцуко почему-то всегда избегала. Если бросить случайный взгляд в окно, то можно везде увидеть типичную картину: дешевенький буфет для чайной посуды, низкий столик, радио, напольные муслиновые подушки; иногда в углу на столе привлечет внимание скудный ужин под теплой шапкой пара, — как это все раздражало Эцуко! Ее воображение рисовало совсем иные картинки благополучия, которые заслоняли от нее окружающую бедность.

Дорога уводила в темноту. Трещали цикады. Вечерняя заря, последний раз отразившись в лужах, угасла. Влажный смутный ветерок нырнул в рисовое поле, колосившееся по обе стороны дороги. Рисовые колосья, согбенные и понурые, отдавались порывам ветра.

Эцуко, преодолев большой крюк, типичный для деревенской местности, наконец-то вышла на тропинку, которая блуждала вдоль небольшой речки. Это были окрестности деревни Майдэн. Между речкой и тропинкой тянулись бамбуковые заросли. От этих мест вплоть до Нагаоки располагались плантации съедобного тропического бамбука — этим и славилась провинция. Тропинка сквозь бамбуковые заросли вела к деревянному мосту через речку. Эцуко перешла через мост, миновала дом бывшего землевладельца, прошла между кленами и фруктовыми деревьями, поднялась по неровным каменным ступенькам, окруженным изгородью из чайных кустов, и, раздвинув двери на веранду, вошла в дом Сугимото, который на первый взгляд казался великолепной загородной дачей, выстроенной рачительным хозяином. О бережливости и смекалке Сугимото говорили такие детали, как отделка дома дешевым грубоватым деревом в неприметных постороннему глазу местах. Из дальних комнат доносился громкий смех детей Асако, жены деверя Эцуко.

«С чего это они так развеселились? Как можно так грубо смеяться?» — вяло подумала Эцуко и положила сумочку с покупками на стол.

* * *

Якити Сугимото приобрел землю в собственность, около десяти акров, в 1934 году, за пять лет до ухода в отставку из судовой компании «Кансай». Он был сыном фермера-арендатора, который вел хозяйство в окрестностях Токио; учился и одновременно зарабатывал себе на жизнь. Окончив университет, он был принят на работу в судовую компанию «Кансай» и приписан к главному офису в Осаке, в Додзиме. Он женился на девушке из Токио и, хотя на всю жизнь остался в Осаке, троим сыновьям дал образование в токийских университетах. В 1934 году стал генеральным директором, в 1938 году — президентом компании. На следующий год ушел на пенсию.

Однажды супругам Сугимото случилось навестить могилу старинного друга на новом муниципальном кладбище, которое называлось Сад душ — Хаттори. Их очаровала окружающая этот сад холмистая местность. Тогда-то, поинтересовавшись названием, они впервые услышали о деревне Майдэн. Присмотрев недорогой земельный надел на склоне горы с фруктовым садом и прилегающими к нему зарослями бамбука и каштановой рощей, они в 1935 году построили скромную дачу. В том же году Якити нанял садовника для ухода за фруктовыми деревьями.

Но превратить эту дачу в место праздного времяпрепровождения, как того желали сыновья и его жена, им так и не удалось. В конце каждой недели они всей семьей выбирались на автомобиле из Осаки и занимались полевыми работами, якобы наслаждаясь солнцем. Кэнсукэ, старший сын Якити, слабовольный неумеха, изо всех сил противился здоровому увлечению отца. Его прямо-таки воротило от отцовских прихотей, однако он был вынужден, хоть и с великой неохотой, волочиться вслед за братьями на поле и мотыжить землю.

Среди деловых кругов Осаки в то время было немало людей, которые любили покопаться в земле. Врожденная скупость, обернувшаяся для жителей района Киото-Осака некой жизнеспасительной философией, не позволяла им зариться на знаменитые побережья вблизи горячих источников. Они возводили свои коттеджи в горных захолустьях, где земля и жизнь обходились недорого.

После отставки Якити Сугимото перебрался в Майдэн, где воздвиг себе цитадель на всю оставшуюся жизнь. Название деревни восходит, вероятно, к слову «майда», что означает «рисовое поле». Очевидно, в доисторические времена здесь плескалось море, в результате чего земли стали чрезвычайно плодородными. На десяти акрах этой земли Якити мог выращивать какие угодно овощи и фрукты. Одна семья арендатора и три нанятых помощника помогали обихаживать его земли. Через несколько лет персики Сугимото стали пользоваться на рынке особым спросом.

Военное лихолетье Якити прожил с застывшим на лице выражением тайной враждебности. Это была какая-то странная форма презрения по отношению к недальновидным горожанам, вынужденным терпеть нормированное распределение продуктов, покупать рис на черном рынке втридорога, в отличие от предусмотрительного Якити, который мог поддержать свое существование, кормясь с собственной земли. Таким образом, все происходящее в его жизни, вплоть до отставки с руководящего поста компании, которая была неизбежна и совершилась против его воли, выглядело как заранее продуманные им шаги; однако он болезненно переживал свое отлучение от дел, которое, как теперь казалось, было спровоцировано его собственной недальновидностью. Усталость и апатия свалились на него, словно на приговоренного к тюремному заключению. На его лице появилось выражение невосполнимой утраты. Среди бывших сослуживцев, которые не испытывали к нему неприязни и зависти, он позволял себе, как бы в шутку, небрежно высказываться о военщине. Еще больше он стал злословить, когда умерла его жена, заболевшая острой формой пневмонии. Новое лекарство, изобретенное врачами военного госпиталя и присланное другом из военного командования в Осаке, не оказало никакого лечебного эффекта, и даже наоборот: болезнь жены стала обостряться, и вскоре она умерла.

Якити сам возделывал землю, сам косил траву. Крестьянская кровь пробудилась в его жилах, а любовь к земле и садоводству обернулась страстью. Теперь никто за ним не приглядывал — ни жена, ни общество. Он без стеснения сморкался в два пальца. Его старческое тело, облаченное в чопорную жилетку с золотой цепочкой и в помочи, нелепые в его возрасте, вдруг обнаружило крестьянскую осанку, а на холеном лице проступили деревенские черты. Если бы подчиненные увидели его в таком облике, то с удивлением узнали бы, что в этом остром взгляде исподлобья, некогда заставлявшем их трепетать, скрывалась типичная натура стареющего крестьянина.

Одним словом, Якити впервые в жизни почувствовал себя собственником земли. Раньше он просто обладал строительным участком, а теперь, когда строительство было завершено, он перестал смотреть на свое хозяйство как на абстрактную часть собственности, наполнив это слово другим смыслом — «моя земля». В нем ожили инстинкты землевладельца, хотя о собственности он имел весьма общее представление. Кажется, именно земля давала ему надежду впервые почувствовать свою истинную значительность. Теперь стало ясно, что мутный источник его презрения к отцу и проклятий в адрес предков, которые никогда не владели ни одним акром земли, окончательно иссяк. И как типичный нувориш, Якити выстроил на территории храма Бодайдзи, на родине, претенциозную фамильную усыпальницу не столько из почтительности к предкам, сколько из желания отомстить им за их бедность. Он никак не мог представить себе, что первым, кто будет там погребен, станет его сын Рёсукэ. О, если бы он знал заранее о смерти сына, он воздвиг бы эту усыпальницу поблизости, в Хаттори!

Сыновья, наезжавшие в Осаку нечасто, были в полном недоумении от таких перемен, случившихся с отцом. В каждом из его сыновей — старшем Кэнсукэ, среднем Рёсукэ и младшем Юсукэ — сохранилась какая-то частица его характера, но в большей степени во всех них запечатлелся образ покойной матери, на которую легли все тяготы и заботы по воспитанию детей. Она происходила из среднебуржуазной токийской среды, знала нравы и пороки своего класса, потакала мужу в его стремлении пощеголять в высшем обществе, выдавая себя за делового человека со всеми повадками руководящего работника. Однако до самой смерти она не позволяла ему сморкаться в руку, ковырять в носу на людях, шумно хлебать суп, цокать языком, отхаркиваться и сплевывать мокроту в угли хибати — одним словом, пресекала все дурные привычки, которые великодушно прощаются в обществе только так называемым великим людям.

Преображение Якити в глазах сыновей выглядело крайне нелепо, словно он напяливал на себя старый перелицованный халат. А сам он снова воспрянул духом, как в былые годы на службе в судовой компании «Кансай», но на этот раз, утратив служебную учтивость и мягкость в обращении, приобрел чрезмерное самомнение. Он мог крепко выругаться не хуже крестьянина, когда тот гонится за воришкой, застигнутым на овощном поле.

В просторной гостиной красовался бюст самого Якити. Комната занимала площадь в двадцать татами[1]. На стене висел его портрет кисти одного известного кансайского художника. И написанный маслом портрет, и бюст были не менее напыщенны, чем фотографии целого ряда президентов, по-

---

[1] Соломенный мат стандартного размера.

мещенные на первых страницах объемного ежегодника, изданного к пятидесятилетию императорских компаний Японии.

Недопустимым в новом облике Якити сыновья находили и его смехотворное самолюбование, которое прямо-таки выпирало из монументальной позы бронзового бюста. С кастовым деревенским высокомерием, процветающим среди местных стариков, он позволял себе грязно ругать военное руководство. В этом злопыхательстве сыновья разглядели лицемерную позу критикана, которой он умело покупал уважение простодушных крестьян, искренне принимавших его слова за проявление истинного патриотизма.

По иронии судьбы именно старший сын, считавший отца невыносимым, раньше других сумел занять теплое местечко под папашиным крылом, где мог вести праздную жизнь откровенного бездельника. Из-за хронической астмы он избежал призыва на военную службу, однако, когда стало ясно, что ему не миновать трудовой повинности, отец, благодаря влиятельным связям, пристроил его в почтовое отделение в Майдэн. Вместе с женой Кэнсукэ перебрался в деревню. Естественно, трения между отцом и сыном были неизбежны, но Кэнсукэ с редким цинизмом ловко увертывался от давления отца.

Война разгоралась, всех троих помощников забрали на фронт. Один из них, родом из префектуры Хиросима, вместо себя направил на работу к Якити младшего брата, который едва успел окончить школу.

Паренька звали Сабуро. По желанию матери он принадлежал к дзен-буддистской секте Тэнри.

На большие праздники в апреле и октябре Сабуро, облачившись в белую накидку с иероглифами на спине: «Закон природы», покидал поместье, для того чтобы встретиться с матерью. В эти дни вместе с остальными верующими они совершали паломничество в Главный храм.

* * *

Эцуко положила сумочку с покупками на стол, прислушалась к звукам, гулявшим в сумерках комнат, как бы пытаясь предугадать, что происходит в доме. Оттуда доносился неумолчный детский смех. Прислушавшись хорошенько, она поняла, что ребенок не смеется, а плачет.

Мерцали сумерки. Вероятно, Асако, занятая приготовлением ужина, оставила его без присмотра. Асако была женой Юсукэ, который пропадал где-то в Сибири, в русском плену. Весной 1948 года она перебралась с двумя детьми под крышу свекра. Это было ровно за год до того, как Якити пригласил к себе овдовевшую Эцуко.

У нее была своя отдельная комната размером в шесть татами. Подойдя к ней, Эцуко удивилась, обнаружив проникающий из-за перегородки свет лампы. Ведь она никогда не забывала выключать свет. Эцуко раздвинула сёдзи[1].

За столом сидел Якити, углубившись в чтение. Он обернулся в сторону снохи. На его лице, казалось, мелькнул испуг. Краем глаза она заметила под его локтем красный кожаный переплет. Она тотчас узнала в нем собственный дневник.

— Добрый вечер! — оживленным, громким голосом произнесла Эцуко.

---

[1] Раздвижные перегородки в японском доме.

— А, с возвращением! Поздновато, — сказал Якити. — Совсем проголодался, пока ожидал тебя. От скуки даже книгу взял почитать. — Незаметно подменив дневник, он протянул книгу. Это был позаимствованный у Кэнсукэ зарубежный роман. — Что-то не по силам мне это чтение, не понимаю ни одного слова.

Якити был одет в поношенные спортивные штаны, в которых он работал на поле, и в военную рубашку. Поверх нее красовался старый жилет от костюма. Внешний вид Якити, чья показная скромность доходила до юродства, не менялся в течение многих лет. Если бы Эцуко знала, как он выглядел в годы войны, то заметила бы разительные перемены в его облике. Тело высохло, взгляд притупился, а плотно сжатые надменные губы обмякли. Когда он разговаривал, в уголках его рта, как у загнанной лошади, сбивалась белая пена.

— Фрукты так и не купила. Повсюду искала, нигде нет.

— Да-а, вот незадача!

Эцуко присела на татами, руки засунула за пояс. От ходьбы за поясом полыхало жаром, как в парнике. Она чувствовала, как струйки пота стекают по груди. Бывало, такой густой холодной испариной она покрывалась во сне ночью. Тогда воздух в комнате пропитывался запахом ее остывающего тела.

Всем своим существом она ощущала дискомфорт, будто была перетянута и связана веревками. Сидя на коленях, она вдруг завалилась на бок. Увидь ее в такой позе кто-нибудь из посторонних, о ней сложилось бы превратное мнение. Сколько раз Якити сам попадался на эту удочку, принимая ее выходки за кокетство! На самом деле все это происходило бессознательно: ведь она валилась с ног от усталости в буквальном смысле. Якити понимал это и никогда не упрекал ее.

Развалившись на полу, она снимала таби[1]. На белых носках засохли пятна грязи. Подошва тоже была черной, как тушь. Якити, желая завязать разговор, сказал:

— Какие грязные, а?

— Да, дорога выдалась уж больно скверной.

— Дождь прошел будь здоров! В Осаке, наверное, тоже хлестало?

— Да, я как раз стояла за покупками в Ханкю.

Эцуко вновь окунулась в воспоминания. Она все еще слышала оглушающий шум дождя, плотная дождевая завеса ниспадала с небес, укрывая весь мир.

Она переодевалась молча, не обращая внимания на Якити. Из-за слабого напряжения в сети лампочка горела очень тускло. Между Якити и Эцуко повисло молчание, и только шелк поскрипывал, словно какое-то ночное насекомое, когда она разматывала пояс на кимоно.

Якити не выносил продолжительного молчания. Он чувствовал в нем немой упрек. Сказав, что пойдет ужинать, он направился через коридор в свою комнату.

Эцуко, завязывая на ходу повседневный пояс из Нагоя, подошла к столу. Одной рукой она закрепляла за спиной пояс, а другой лениво перелистывала страницы дневника. На ее губах появилась едва заметная ухмылка.

---

[1] Носки с плотной подошвой.

«Отец не знает, что это фальшивый дневник. Никто не знает, что это фальшивый дневник. Разве кто-нибудь может представить, как искусно обманывают люди собственное сердце?»

Эцуко открыла дневник на вчерашней странице и склонила голову над темными исписанными листами.

Сентябрь, 21. Среда.

День закончился, ничего не произошло. Последние деньки лета. Дышать стало легче. Голосами насекомых свиристит весь двор. Утром отправилась за мисо на распределительный пункт в деревню. Один тамошний ребенок подхватил воспаление легких. На его долю едва хватило пенициллина. Говорят, что помогло. Вроде бы чужие заботы, а на душе полегчало.

Чтобы жить в деревне, нужно иметь простое сердце. Худо ли, бедно, но на людях я тоже бываю простой. Кое-чему научилась. Я не скучаю. Перестала тосковать. О скуке теперь не вспоминаю. В последние дни мне тоже стало понятно то безмятежное настроение, какое испытывают крестьяне по завершении тяжелой страды. Я окутана щедрой отцовской любовью. Такое ощущение, будто я вернулась в прошлое, когда мне было лет пятнадцать или шестнадцать.

В этом мире, чтобы жить, вполне достаточно иметь простое сердце, безыскусную душу. А сверх того, кажется, ничего не нужно. Я так думаю. В этом мире нужны такие люди, которые умеют что-нибудь делать или хотя бы немного двигаться. В болоте городской жизни запросто можно погибнуть от торгашества и хитрости. Таково человеческое сердце. На моих руках выросли мозоли. Отец на-

хваливает меня. И вправду, руки стали походить на руки. Я научилась сдерживать гнев, не впадаю в уныние. Эти ужасные воспоминания, воспоминания о смерти моего мужа, больше не изводят меня. Нынешней осенью солнечный свет умиротворяет меня, как никогда, сердце переполнено такой терпимостью, что хочется благодарить каждого встречного.

Все время думаю о С. Она оказалась в такой же ситуации, как и я. Она также потеряла мужа. Я нашла в ней сердечного друга. Когда я думаю о ее несчастье, то утихает и моя собственная боль. Она вдова и поистине красивой, чистой, простой души человек. Конечно, она когда-нибудь выйдет замуж еще раз. Недавно я так хотела поговорить с ней не спеша, но ни в Токио, ни здесь не представилось случая встретиться. Если бы кто-нибудь передал письмо от нее, но...

«Инициалы, конечно, подлинные, но поскольку выданы за женское имя, то вряд ли догадаешься, кому они принадлежат. Имя С. довольно-таки часто мелькает в записях, однако беспокоиться не о чем. Доказательств-то нет никаких! К тому же для меня этот дневник всего лишь фальшивка. Ведь ни один человек не может быть искренним...»

Эцуко попыталась осмыслить свои истинные намерения, когда начинала вести дневник, но все слова казались ей неискренними. Мысленно она начала исправлять свои записи.

«Если я перепишу дневник, то навряд ли он станет правдивей».

Придя к такому умозаключению, она принялась переписывать дневник.

Сентябрь, 21. Среда.

Закончился еще один мучительный день. Остается только удивляться: как мне удалось его пережить? Утром ходила в деревню за мисо на распределительный пункт. Один тамошний ребенок подхватил воспаление легких. На его долю едва хватило пенициллина. Говорят, что помогло. Ах, какое несчастье! Умер ребенок г-жи Оками. Вот чем обернулось ее злословие за моей спиной. И все-таки утешила как могла. Жалкое, правда, утешение!

Чтобы жить в деревне, нужно иметь простое сердце. Все иначе в семействе Сугимото — хвастливые, слабовольные, продажные людишки. Из-за них жизнь в деревне превратилась в сплошное мучение. Я люблю простодушных людей. Мне кажется, что в мире нет ничего красивее, чем простота души и простота тела. Однако, когда я оказываюсь на краю бездны, которая отделяет меня от других, я бываю в таком отчаянии, что не знаю, как быть. Ведь как ни старайся, одна сторона медной монеты не обернется другой. Может быть, надо сделать отверстие в монете? Но не равносильно ли это самоубийству?

Я часто подходила к этой грани и была готова отказаться от своей жизни. Мой друг покинет меня. Он убежит куда угодно, хоть на край света. Я же останусь одна, погруженная в повседневную скуку.

А мозоли на моих пальцах слишком несущественны, чтобы думать о них.

Эцуко интуитивно старалась не задумываться глубоко о серьезных вещах. Тот, кто ходит босиком, в конце концов может пораниться. Чтобы выбраться куда-нибудь, необходимо прежде подобрать подходящую обувь. Вот так же хорошо бы иметь на всякий случай жизни рецепт, приготовленный по заказу! Эцуко бездумно перелистывала страницы, разговаривая сама с собой.

«И все-таки я счастлива. Да, я счастлива. Никто не может отрицать это. Во-первых, у них нет доказательств».

Она листала испещренные полутемные страницы дальше. Показались белые листы дневника. Она листала и листала. Вскоре дневник счастья целого года закончился...

* * *

Что касается трапезы, то в доме Сугимото водился странный обычай. Вся большая семья Сугимото делилась на четыре маленькие семьи: на втором этаже жили Кэнсукэ с женой, Асако и дети ютились на первом этаже, Якити и Эцуко занимали комнаты там же, только в противоположной части дома; в комнатах для прислуги раздельно жили Сабуро и Миё. В обязанности Миё входило приготовление риса отдельно для каждой семьи. Ели все по своим углам. Причина такого странного обычая коренилась в эгоизме Якити, который ежемесячно выделял двум семьям сыновей небольшую сумму на повседневные расходы. Он полагал, что на эту сумму можно ухитриться прожить целый месяц, однако сам он не находил оснований придерживаться режима экономии. Он принял под свой кров Эцуко (после смерти мужа она не знала, на кого опереться) только из-за того, что она умела хорошо готовить.

Якити отбирал для себя самое лучшее из урожая овощей и фруктов, а остальное распределял между семьями. Даже каштаны из рощи имел право собирать только он, Якити; при этом выбирал самые вкусные. Другим это не дозволялось, исключение было сделано только для Эцуко.

Кто знает, может быть, кое-какие тайные мысли руководили Якити уже в то время, когда он решил облагодетельствовать ее неслыханными привилегиями? Обычно домочадцы одаривались лучшей долей каштанов, лучшим виноградом, лучшим урожаем хурмы и клубники, лучшими персиками только за какие-либо особые заслуги.

Вскоре после того, как в доме Якити Сугимото поселилась Эцуко, ее особое положение превратилось в предмет зависти и ревности, а они, в свою очередь, повлекли за собой досужие предположения о том, что это неспроста. Злоязычные разговоры, которые слишком походили на правду, обиняком достигли ушей Якити и определенным образом повлияли на его поведение. Однако, когда эти подозрения стали подтверждаться, самим сплетникам стало трудно поверить в очевидное.

Что влекло молодую женщину, которая потеряла мужа почти год назад, к его отцу? Что принуждало вступать в физическую близость с ним? Ведь она еще очень молода, могла бы подумать о новом замужестве, вместо того чтобы хоронить вторую половину жизни. Ради чего она отдавала свое молодое тело старику, которому уже за шестьдесят? Конечно, она ему не кровная родственница. Если она делает это с ним из-за плошки риса, тогда понятно, нынче такое в моде.

Эцуко была окружена всевозможными домыслами, словно изгородью, за которую было бы так любопытно заглянуть! А она, игнорируя любопытство посторонних, слонялась за этой изгородью, словно курица, потерявшая прошлогоднее зерно. Или умирала от скуки одиночества.

Кэнсукэ и его жена Тиэко ужинали в своей комнате на втором этаже довольно поздно. Тиэко вышла замуж за Кэнсукэ из интереса к его увлечению философией киников, которая предоставляла ей в разных жизненных ситуациях свободный выход, лазейку для бегства и укрытие от неурядиц. Она прекрасно видела, что Кэнсукэ крайне беспомощен и ленив, но никогда не испытывала разочарования в своем замужестве. Будучи разносторонне начитанной, она вышла замуж, когда молодые годы уже остались позади, с убеждением, что супружество есть одна из величайших глупостей этого мира. У них до сих пор сохранилась привычка на подоконнике под фонарем декламировать стихотворения в прозе Бодлера.

— Бедный наш старичок! В его годы страдания растут, как трава, — сказал Кэнсукэ. — Недавно проходил мимо комнаты Эцуко. Там горел свет, хотя она, кажется, еще не вернулась из города. Я на цыпочках прокрался в комнату, гляжу — а там наш папаша украдкой читает дневник Э-тян, с головой ушел в чтение. Читал с таким увлечением, что не замечал меня за спиной! Я позвал его. Так он чуть не подпрыгнул от испуга. Потом, едва придя в себя от позора, посмотрел на меня с такой злобой! Я с детских лет не помню такого свирепого взгляда. Всегда страшно было глядеть на него, когда он сердится. Потом он сказал: «Если ты проболтаешься Эцуко, что я читал ее дневник, я выброшу тебя и твою жену из этого дома, ясно?» Вот так.

— Интересно, чем его обеспокоила Эцуко, если он решился читать ее дневник? — спросила Тиэко.

— Может быть, он заметил, что в последнее время Эцуко чем-то взволнована без всяких причин? Хотя навряд ли он догадывается, что она влюблена в Сабуро. Я так предполагаю. Все-таки она осторожная женщина, не станет записывать в дневник что ни попадя.

— Нет, что касается Сабуро, то я с трудом во все это верю, однако твоя наблюдательность всегда восхищала меня. Видимо, так оно и есть, как ты говоришь. Ведь Э-тян — девушка себе на уме! Если хочешь что-нибудь сказать, то скажи, не скрывай; если хочешь что-нибудь сделать, то делай! Мы всегда поможем, разве не так?

— Бывает забавно, когда задумаешь одно, а выходит другое. Вот и наш старик потерял всякую гордость с тех пор, как в его доме поселилась Эцуко, — сказал Кэнсукэ.

— Да нет! Свое достоинство он растерял во времена земельной реформы, именно тогда он и пал духом.

— Верно. Я полагаю, ты права. Следует понимать, что наш отец был сыном крестьянина-арендатора и гордится тем, что владеет землей. Он говорил: «У меня есть земля!» Вот отчего он бывал заносчивым, словно выбившийся в унтер-офицеры солдат. Прежде чем стать полноправным землевладельцем, человеку, который никогда не имел собственной земли, приходится усвоить нелегкие уроки жизни: сначала он должен тридцать лет отдать службе в судовой компании, дослужиться до самых верхов, стать президентом. Отец находил какое-то удовольствие в том, чтобы этот процесс восхождения был украшен трудностями и их преодолением. В годы войны отец имел огромное влияние. Он поговаривал о некоем Тодзё, старом хитроумном друге, который разбогател на акциях. Я почтительно выслушивал эти разговоры, когда еще был почтовым служащим. Те поместья, на которых землевладельцы проживали постоянно, как наш отец, послевоенная земельная реформа затронула меньше всего, не нанесла большого ущерба. Однако когда реформа позволила таким мелким арендаторам, как Окура, приобрести земли по бросовым ценам и стать землевладельцами, — вот тогда-то он испытал сильнейшее потрясение. Он приговаривал частенько: «Если бы я знал заранее, что все будет складываться таким образом, то я бы не надрывался изо всех сил на протяжении тридцати лет!» Вот почему, глядя на людей, которые стали землевладельцами, не ударив палец о палец, отец решил, что разрушен смысл его существования. Эти мысли превратили его в немощного старика. Кажется, ему стала нравиться сама идея быть жертвой эпохи. А как он ожил, словно вернул себе молодость, когда в разгар депрессии его обвинили в военных преступлениях и сопроводили в Сугамо! Таким я его еще не знал.

— Что бы там ни говорили, — вступила Тиэко, — а Эцуко должна быть счастлива — ведь она не испытала на себе отцовского деспотизма. Сегодня она в настроении, завтра впадает в меланхолию! Сабуро, конечно, отдельная тема. Только одно уму непостижимо: как может женщина вступить в любовные отношения с отцом своего мужа? Во время траура по мужу! Такое в голове не укладывается.

— Бывало, и Рёсукэ высказывался на ее счет: мол, вопреки его ожиданиям, она оказалась какой-то анемичной женщиной. Куда подует ветер, туда и наклонится ива. Так и она — ослепленная верностью, не заметила, что ее возлюбленный муж давно уже изменился, а она все цеплялась за него, будто ее пыльным ветром к нему прилепило.

Кэнсукэ был скептиком, считал, что любая теория познания уязвима, но при этом гордился своей способностью проникать в суть вещей.

* * *

Наступила ночь, все три семьи разбрелись по своим комнатам. Вечера проходили отчужденно. Асако была поглощена заботами о детях. Она укладывала их спать рано, ложилась вместе с ними и засыпала.

Кэнсукэ и его жена со второго этажа не спускались. Из их застекленного окна были хорошо видны вдалеке желтые песчаные россыпи огней поселка. До него простиралось рисовое поле, словно черная морская гладь. Казалось, что далекие огни принадлежат большому городу, расположенному на побережье острова, что там непрерывно и мощно пульсирует жизнь. Будто бы в этом городе происходит религиозное собрание, на котором множество народу переживает религиозный экстаз во время ритуального жертвоприношения, совершаемого хладнокровно, тщательно, мучительно долго, в полном молчании, при свете ламп. Хотя было совершенно очевидно, что тамошняя жизнь еще более уныла и еще более однообразна, чем в деревне. Когда Эцуко смотрела на огни поселка, сощурившись так, что они сливались в одно яркое пятно, то вряд ли ее охватывало чувство превосходства. Ей чудилось, что эти несметные огоньки излучает стая листоедов, облепивших ночью гниющее дерево.

Время от времени над ночными полями и садами эхом разносились свистки проходящего из Ханкю поезда. В такие мгновения казалось, что среди ночи разом выпустили на волю десятки исхудалых птиц, которые с голодным криком возвращаются в свои гнезда. Сигнальные свистки сотрясали ночной воздух, напоминая хлопки крыльев. В это время года отдаленные раскаты грома и бледно-синие вспышки молний частенько появляются и исчезают на окраине предрассветного неба.

По вечерам, после ужина, в комнату Якити и Эцуко уже никто не входил. Прежде, бывало, заглядывал Кэнсукэ убить часок-другой за разговором. Случалось, что и Асако с детьми наведывалась. Бывали вечера, когда они все вместе весело коротали время. Однако на лице Якити стала часто появляться едва скрываемая гримаса недовольства, поэтому посещения постепенно прекратились. Якити не терпел, когда ему мешали оставаться наедине с Эцуко.

В такие часы они позволяли себе заниматься всем, чем угодно. Иногда ночь напролет играли в шашки го. Якити давал Эцуко уроки игры. Не умея ничего другого, он щеголял перед молодой дамой своим искусством, когда объяснял ей правила игры. И в этот вечер они разложили перед собой доску с шашками.

Эцуко то и дело ощупывала тонкими пальцами костяшки, вынимала их из шкатулки, поблескивая ногтями; восторгалась их тяжестью, при этом не отрывала глаз от доски, будто одержимая. Внешне она демонстрировала увлеченность игрой, но в действительности была просто очарована самим видом доски, ее правильной геометрией. Созерцая пересечения черных линий, она не могла ни о чем думать. Даже Якити терялся в догадках, отчего она впадает в такое неистовство. У него на глазах, без всякого стеснения Эцуко предавалась бесстыдному веселью, так заливаясь смехом, что обнажались остренькие белые зубки.

Иногда она громко хлопала костяшкой по доске. Так натравливают охотничьего пса или ставят штамп. В такие минуты Якити, исподлобья тайком взглянув на лицо Эцуко, пресекал ее веселье веским замечанием:

— А ты не малой силы! Как у Мусаси Миямото и Кодзиро Сасаки[1] на поединке в Ганрюсима.

Твердая поступь послышалась в коридоре — непохоже было, что это шла женщина. Шаг был и не легким, и не грузным — как у мужчины средних лет. Вслед за шагами в темном коридоре жалобно-жалобно поскрипывали половицы, словно кто-то, притаившись в ночи, непрерывно хныкал. Шаги приближались.

Эцуко, задержав указательный палец на шашке, замерла. Казалось, что эта костяшка была ее единственной надежной опорой. Несмотря на дрожь в руке, она еще крепче прижимала пальцем шашку, делая вид, будто размышляет над следующим ходом. Однако думать там было не о чем, хотя свекор и не сомневался в том, что она неподдельно увлечена игрой.

---

[1] *Мусаси Миямото* и *Кодзиро Сасаки* — легендарные борцы традиционной японской борьбы сумо.

Двери раздвинулись. Сидя на коленях, через порог поклонился Сабуро.

— Спокойной вам ночи! — сказал он.

— А-а! — ответил Якити, не поднимая головы. Двинул шашку.

Эцуко пристально смотрела на его узловатые, уродливые, старые пальцы. На приветствие Сабуро ничего не ответила. Даже головы не повернула. Сёдзи закрылись. Его шаги удалялись в противоположном от спальни Миё направлсшии. Там, в западной части дома, находилась комнатка Сабуро размером всего в три татами.

ГЛАВА ВТОРАЯ

Дикий лай собак по ночам будил деревню. На задворках усадьбы была привязана к амбару Магги — старая сучка-сеттер. Когда свора бродячих псов пробегала через рощу, которая примыкала к фруктовому саду Сугимото, Магги становилась в стойку и, навострив уши, подымала протяжный вой, словно жаловалась на свое одиночество. Бродячие собаки на мгновение замирали и отвечали сочувственным воем, сотрясавшим сухие листья бамбука. Эцуко спала чутко и сразу же просыпалась.

Еще не прошло и часа, как она вернулась в свою постель. Завтра утром она отоспится, — словно это вменялось ей в обязанность. Эцуко придумывала для себя задания, чтобы оправдать завтрашний день. Придумать бы что-нибудь простенькое, привычное! Ведь без этого человек не сможет протянуть даже одного дня. Он идет на маленькие добровольные жертвы: оставляет на донышке бутылки саке, покупает билет в путешествие или откладывает на завтра починку одежды — все это позволяет ему встретить рассвет. А чем жертвовала Эцуко? Ах да! Она собиралась пожертвовать двумя парами носков — парой темно-синих и парой коричневых. Она подарит Сабуро носки. Только этим подношением будет отмечен ее завтрашний день. Желания Эцуко были чисты и просты. Она выбирала их очень тщательно, словно набожная женщина. Держась за две тоненькие ниточки, синенькую и коричневую, она бездумно уносилась куда-то на воздушном шаре непостижимого завтра — мрачного и бездонного. Эцуко не была склонна к размышлениям. Именно на этой нерасположенности к размышлениям росло ее счастье, эта почва поддерживала ее жизнь.

Нетерпеливыми, сучковатыми и сухими пальцами Якити ощупал все молодое тело Эцуко. Из ее сна он крал один или два часа. Однажды приняв костлявые старческие ласки, женщине трудно уклониться от них в дальнейшем. Все тело Эцуко с тонкой, прозрачной и влажной кожей, еще более нежной, чем у личинки бабочки, с трудом высвобождающейся из сухой скорлупы, продолжало зудеть от его прикосновений.

Немного привыкнув к темноте, Эцуко оглядела комнату. Якити, как ни странно, не храпел. Его затылок, голый, словно ощипанная курица, был едва виден. Тиканье часов на полке напоминало о времени, а всхлипы сверчка возле постели — об огромном сумрачном мире. Если бы не эти скудные звуки, то могло показаться, что весь мир безвозвратно канул в ночи. Ночь наваливалась на оцепенелую от страха Эцуко, куда-то гнала ее, обреченную на беспамятство, уносила над холодной бездной, словно осеннюю муху.

Кое-как она приподняла голову. Створки шкафа, украшенные перламутром, отливали синевой. Веки слипались, она закрыла глаза. Память вернула ее в прошлое, к событиям полугодовой давности.

Вскоре после приезда в Майдэн она стала частенько прогуливаться в одиночестве. Деревенские острословы немедленно нарекли ее чудной. Эцуко не обращала внимания на разговоры и продолжала свои одинокие прогулки. Вот тогда-то деревенским соглядатаям бросилась в глаза странная походка — словно у беременной. Они пришли к заключению, что у такой женщины непременно должно быть сомнительное прошлое.

С того края владений Сугимото, где протекала речка, хорошо просматривался кладбищенский Сад душ — Хаттори. Сюда редко наведывались посетители, разве что в праздники равноденствия — Хиган. В полдень белокаменные надгробия, возвышающиеся друг над другом просторными террасами, отбрасывали на землю печальные тени. Кладбище, окруженное лесом на волнистых холмах, сияло чистотой дорогих надгробий. Кварцевые вкрапления на гранитных плитах поблескивали в лучах солнца.

Эцуко особенно любила прогуливаться по широким тропинкам между могил, наслаждаясь тишиной кладбища, над которым простиралось огромное безмолвное небо. Это совершенно белое прозрачное безмолвие, пронизанное ароматом трав и молодых листьев, внушало Эцуко чувство глубокого единства со всем миром.

Стояла пора роста трав. Эцуко бродила по берегу реки, собирая в отворот рукава полевые хвощи и звездчатки. В одном месте вешние воды, переполнив пологий берег реки, затопили пойменные травы. Здесь росла таволга. Речка протекала под мостом — конечным пунктом бетонной автотрассы, протянувшейся от Осаки до кладбищенских ворот, перед которыми раскинулась зеленая лужайка. Эцуко всегда обходила ее по кругу, предпочитая прогуливаться привычными тропинками. «Кем ниспослано это отдохновение? — удивлялась она. — Не похоже ли оно на отсрочку смертного приговора?»

Она прошла мимо детей, игравших мячом в вышибалу, и через некоторое время оказалась посреди поляны, отгороженной от реки изгородью. На этом участке кладбищенской земли еще не было могил. Эцуко хотела было присесть, но увидела лежащего на спине паренька, который увлеченно читал поднятую над головой книгу. Это был Сабуро. Тень упала на его лицо. Он настороженно приподнялся.

— А, госпожа Сугимото! — сказал он.

В этот момент из нарукавного кармана Эцуко просыпались на его лицо хвощи и звездчатки. Застигнутый врасплох, Сабуро переменился в лице. Такая быстрая смена выражения развеселила Эцуко, наполнив ее чистой, освежающей радостью, словно она решила незамысловатое уравнение по математике. Сабуро же решил, что Эцуко подшутила над ним специально, засыпав его травой, но, взглянув на Эцуко, он понял, что она обронила травы случайно. Он мгновенно стал серьезным, глаза выражали извинение. Сабуро поднялся. Затем снова опустился на колени, помогая Эцуко собирать звездчатки.

«Я спросила его: „Чем ты занимаешься здесь?“» — вспоминала Эцуко.

— Книгу читаю, — ответил он, показывая томик рассказов о самурайских приключениях. И покраснел.

Его речь звучала как военные команды. Несмотря на свои восемнадцать лет, Сабуро еще не призывался на военную службу. Он вырос в Хиросиме, где говорят на диалекте, и поэтому старался произносить слова подчеркнуто отчетливо, чтобы не привлекать внимания своим выговором.

Без лишних расспросов Сабуро рассказал, что на обратном пути из деревни, куда он ходил на распределительный пункт за пайкой хлеба, решил немного полежать на лужайке, где Эцуко и повстречала его, отлынивающего от своих обязанностей. В его признании было больше заискивания, чем оправдания.

— Ладно, никому не скажу, — обещала Эцуко.

Она вспомнила, что расспрашивала его о разрушениях от ядерной бомбардировки Хиросимы. Он коротко ответил, что его родовое гнездо находится далеко от города, поэтому семья никаких потерь не понесла, но зато дом их родственников был уничтожен полностью. На этом тема разговора была исчерпана, а задавать вопросы Эцуко мальчик стеснялся.

«Когда я впервые увидела Сабуро, мне показалось, что ему, должно быть, лет двадцать, не меньше. Сейчас я не могу вспомнить, на сколько лет он выглядел в тот момент, когда я повстречала его на поляне перед кладбищем. Ситцевая рубашка, распахнутая на груди, несмотря на весеннюю погоду, была вся в заплатах, рукава закатаны по локоть. Возможно, что он скрывал таким образом прорехи на одежде, которые, видимо, смущали его. Зато руки у него были красивые. У городских мальчиков такие руки бывают только к двадцати пяти годам, не раньше. На загорелых, сильных руках густо-густо росли пушистые золотистые волоски. Кажется, он стыдился своей мужественности».

В глазах Эцуко при взгляде на Сабуро невольно мелькнула укоризна. Это немного портило ее, но по-другому она не умела смотреть. Ей было любопытно, догадался ли он, почему она так посмотрела? Нет, навряд ли. Он осознавал только одно: рядом с ним находится еще одна заботливая женщина, приехавшая в дом его заботливого хозяина.

«А что за голос у него! Гнусавый, глухой, мрачный, подростковый. Неразговорчивый. А если сподобится что-то сказать, то слова произносит так, будто дает клятву, цедя их по одному. Слова простые, тяжелые — как тутовые плоды...»

На следующий день, когда Эцуко встретила Сабуро вновь, она уже смотрела на него без малейшего волнения. И даже без укора в глазах. Просто улыбка. Так что между ними ничего не произошло.

Однажды Якити попросил Эцуко починить брюки и пиджак, в которых он обычно работал на поле. Это было ровно месяц спустя после того, как она приехала. Она засиделась за штопкой допоздна — Якити торопил ее с работой. Он заглянул в комнату Эцуко в час ночи — в это время он обычно уже спал. Якити похвалил ее за усердие, перекинул через руку заштопанные вещи. Потом помолчал немного, раскуривая трубку.

— У нас тебе хорошо спится? — спросил он.

— Да, конечно! Здесь так тихо — не то что в Токио.

— Поди обманываешь меня?

— По правде сказать, в последнее время я сплю не очень хорошо, — простодушно отвечала Эцуко. — Бывает настолько тихо, что порой невыносимо.

— Так дело не пойдет! Было бы лучше, если бы я не приглашал тебя, — грустно произнес Якити с обертонами былого директорского сарказма.

Когда Эцуко принимала приглашение Якити приехать в Майдэн, она предвидела, что ее будут ожидать беспокойные ночи. Вернее, она даже желала их. После скоропостижной смерти мужа она тоже стала грезить о собственной смерти — в точности как индийская вдова. Ее стремлением к смерти руководили довольно странные мотивы: она хотела пожертвовать своей жизнью не из-за смерти мужа, а из ревности к нему. При этом желаемая смерть должна была быть из ряда вон выходящей — растянутой во времени, медленной. Кто знает, может быть, в глубине ее чувства скрывалось стремление обрести нечто такое, что оградило бы ее от страха ревности? Похоже, это недостойное желание — такое же отвратительное, как желание отведать мертвечины, — отдавало гнилым душком. Не копошились ли внутри ее желания жиреющие личинки алчности — бессмысленной алчности?

Смерть мужа... Перед ее глазами возникает отчетливая и подробная картина последних дней осени: к задним воротам инфекционного госпиталя подъезжает катафалк, чернорабочие подымают на плечи гроб; выходят из мертвецкой наружу, увлекая за собой сумрачный воздух, настоянный на трупном запахе, смешанном с плесенью и благовониями; по пути они задевают белые лепестки искусственного лотоса, который бесчувственно осыпает толстый слой пыли на влажные от еженощного окропления татами; протискиваются между обшарпанными лежаками для трупов; минуют алтарь, перед которым выстроены в ряд деревянные таблички с именами усопших, словно в комнате ожидания, — вот из этой самой мертвецкой, водрузив на плечи гроб с телом ее мужа, поднимаются по бетонному пандусу чернорабочие. На подошвах армейских ботинок скрипят гвозди, напоминая зубовный скрежет. Вот отворяются двери мертвецкой во внутренний дворик госпиталя...

Эцуко и вообразить не могла, что хлынувший ослепительной снежной лавиной солнечный поток бывает таким сильным и волнующим. Солнечный свет, словно извергающийся горячий источник, стремительно затоплял окружающую местность, выплескиваясь из берегов ранних ноябрьских дней. Инфекционный госпиталь задворками был обращен к сожженному во время бомбардировок городу, расположенному в низине. Часть города была уже застроена новыми домами и покрыта деревянными каркасами строящихся домов, а другая часть сохраняла следы пожарищ, где в груде кирпича и мусора вольготно росла полынь. Ноябрьский солнечный свет безраздельно владел всем городом. По расчищенным между развалин дорогам сновали велосипедисты, поблескивая на солнце спицами. В этой перестрелке солнечных лучей, ослепляющих глаза, участвовало битое стекло пивных бутылок, в изобилии валявшееся в грудах мусора. И гроб, и следовавшая за ним Эцуко были повержены каскадом солнечного света.

Заработал двигатель катафалка. Эцуко поднялась в машину вслед за гробом. Занавески на окнах были опущены. До самого крематория она уже не думала ни о смерти, ни о ревности. Ее мысли целиком захватил нестерпимо яркий солнечный свет. Она перебирала осенние цветы, вздрагивавшие на ее коленях. Там была одна хризантема, одна веточка колокольчика; была леспедеца и поникшая от всенощного бдения космея. Колени и подол траурного платья были присыпаны желтой пыльцой.

Что чувствовала она, когда солнечные лучи потоком хлынули на нее?

Избавление?

От чего?

От ревности?

От долгих бессонных ночей?

От приступов лихорадки мужа?

От госпиталя?

От ночного бреда?

От зловония?

От смерти?

Была ли ревность Эцуко к изобилию солнечного света, торжествующему на этой земле? Или ревность — единственное чувство, которое она могла испытывать на протяжении многих лет жизни, — возникала рефлекторно, по привычке? Чувство освобождения должно сопровождаться освежающим ощущением отстранения от всего-всего — кроме самой себя. Когда плененный лев выходит из клетки на волю, он, в отличие от львов, живущих на свободе, стремится в первое время захватить как можно большую территорию для охоты. Пока лев живет в клетке, он знает только два мира — мир клетки и мир вне клетки. И вот он на воле. Он ревет. Он мстит людям, готов растерзать их всех. Он недоволен тем, что не может приспособиться к миру, который перестал разделяться на два. Он не может понять, что живет в новой реальности...

К этому миру у Эцуко не было ни малейшего интереса. Ее душа его игнорировала.

Эцуко почувствовала, что света для нее стало слишком много. Теперь полумрак катафалка казался ей намного приятней. В такт движению автомобиля в гробу двигалось мертвое тело мужа, издавая глухой звук. Вероятно, это ударялась о стенки гроба его любимая трубка, положенная вместе с ним. Ее следовало бы завернуть во что-нибудь. Эцуко приложила ладонь к покрывавшей гроб белой ткани — как раз к тому месту, откуда раздавался таинственный звук. И сразу все прекратилось, словно это нечто затаило дыхание.

Эцуко отодвинула край занавески. Вскоре она увидела, как стоящий впереди катафалк, сбросив на полпути скорость, въезжает на унылую бетонную площадь, по краям которой стояли скамейки для отдыха. Она увидела здание, очертаниями напоминающее огромную печь. Это был крематорий.

Вспоминая тот день, Эцуко решила: «Не мужа я приезжала кремировать, я сжигала там свою ревность».

Однако разве ревность может погаснуть, если даже останки покойного превратились в пепел? В некотором смысле ее ревность была подобна инфекции, передавшейся ей от мужа. Этот вирус поражает плоть, нервы, кости. Если бы она хотела, чтобы ее ревность сгорела дотла, то ей следовало бы войти в печь вместе с гробом. Другого выхода у нее не было.

Три дня Рёсукэ не появлялся дома, а потом у него вспыхнула лихорадка. И все же он пошел на работу. Рёсукэ не принадлежал к тем ловеласам, кто ради любовных интрижек берет свободный день. Он был просто не в силах возвращаться домой, где его ожидала Эцуко. Раз пять на дню она прибегала к ближайшему общественному телефону-автомату, но так и не решалась позвонить на фирму. Он обязательно поднял бы трубку, если бы она позвонила. Он никогда не грубил. А когда извинялся, был ласков и нежен, как котенок. Оправдываясь, он намеренно вставлял осакские словечки, нашептывал их. Но эта манера извиняться еще больше ранила Эцуко. Вместо извинений она была бы рада услышать от Рёсукэ какое-нибудь крепкое ругательство. Хотя на первый взгляд казалось, что с его губ вот-вот должно сорваться бранное словцо, приличествующее настоящему мужчине, в конце концов Рёсукэ умиротворенно и ласково вновь повторял старые обещания, которым невозможно было верить, но и сопротивляться Эцуко уже не могла. Конечно, было бы лучше, если бы в самый первый раз, когда стали доходить слухи, она воздержалась бы от телефонного звонка.

«Здесь неловко разговаривать... Вчера вечером, на Гиндзе, я встретил старого приятеля. Он уговорил меня сыграть с ним партию в мадзян[1]. Он занимает пост в министерстве торговли и промышленности. Мне неудобно было отказать. Что? Да, вернусь сегодня вечером. Я вернусь сразу после работы... Правда, на меня навалилась гора бумаг... Готовить ужин? На твое усмотрение — можешь готовить, а можешь не готовить. Все равно поужинаю еще раз, даже если не буду голоден. Ну ладно, мне пора. Тут господин Кавадзи изнывает от нетерпения. Да, я понял. Понятно, понятно! Ну все, пока!»

---

[1] *Мадзян* — китайская игра в кости.

Среди сослуживцев Рёсукэ слыл франтом, хотя пытался казаться простым парнем. А Эцуко ждала. Она продолжала ждать. Рёсукэ не возвращался. Когда он вернулся, они провели, вопреки обыкновению, странную ночь: Эцуко не упрекала его, не требовала объяснений. Она просто смотрела на мужа с тоской в глазах. Вот эта бессловесная грусть, какая сквозит во взгляде дворовой сучки, смотрящей на хозяина, вывела из себя Рёсукэ. То, ради чего томилась в ожидании его жена, выражали протянутые к нему руки — словно за милостыней, и молящий взгляд, в котором Рёсукэ уловил запах страха отверженной женщины; он инстинктивно понял, что их супружеские отношения превратились в почти голые уродливые кости, на которых мертвые куски плоти еще свидетельствовали о жизни былых чувств... Он флегматично повернулся к ней массивной спиной, притворился спящим. Однажды летней ночью Рёсукэ почувствовал сквозь сон, как жена прикоснулась губами к его телу. Он шлепнул ее по щеке. «Ах, бесстыдница!» — буркнул он сонным голосом, причмокивая языком. Ни один его мускул не дрогнул. Так отмахиваются от мошкары.

Все началось с того лета. Он получал удовольствие, когда Эцуко вспыхивала от ревности.

Эцуко стала находить в гардеробе мужа новые галстуки. Как-то утром Рёсукэ подозвал жену к трюмо и попросил повязать ему галстук. Эцуко охватили радость и волнение, она неумело возилась с узлом, из-за дрожи в пальцах долго не могла завязать его. Наконец она справилась. Рёсукэ недовольно отошел в сторону, спросил:

— Ну что? Красивый рисунок?

— А? Ах, какая я стала невнимательная! Это новый, да? Вы его сами купили?

— Ну как я выгляжу? Да ладно тебе, ты заметила. Я знаю.

— Он идет вам.

— Он идет мне, еще бы!

Из выдвижного ящика Рёсукэ выглядывал как бы нарочно краешек носового платка, принадлежащего другой женщине. От него исходил сильный аромат духов. Они были отвратительны. Зловещий запах тубероз наполнял дом.

Фотографии незнакомой женщины, выставленные на столе Рёсукэ, она сожгла собственноручно — одну за другой, спичками. Рёсукэ продолжал ее провоцировать.

— Где мои фотографии? — спросил он, вернувшись домой.

Эцуко стояла перед ним — в одной руке мышьяк, а в другой стакан с водой. Со всего маху он выбил из ее рук и то и другое. От удара Эцуко повалилась на зеркало и сильно ушиблась.

О, какими страстными поцелуями и ласками разразился он в ту ночь! Их сокрушала любовь, словно неукротимый ветер в горах, — всю ночь. Вот такая ирония любви.

Эцуко пыталась отравиться в тот вечер второй раз — но Рёсукэ вернулся вовремя. Через два дня его скрутила болезнь. Через две недели он умер.

— Голова! Голова! Болит! — повторял Рёсукэ в прихожей, не в силах войти в дом.

Эцуко стала мнительной. Когда он вышиб у нее из рук мышьяк, она подумала, что он приходит домой, чтобы изводить ее. В тот вечер она не обрадовалась его возвращению. Ей не хотелось радоваться — эта радость унижала ее. Эцуко, опираясь руками о сёдзи, неприступно и холодно окинула высокомерным взглядом мужа, сидящего на полу в темной прихожей. Она чувствовала, как гордость вырастала в ней. Едва ли она могла откупиться от смерти этой гордостью, словно подачкой, но как-то незаметно мысль о смерти исчезла.

— Что, засиделись за чашечкой саке? — спросила Эцуко.

Рёсукэ поднял голову, мельком взглянул на жену. Это был взгляд, каким обычно смотрела на него жена; взгляд, который вызывал в нем отвращение, — он словно бы заразился этим преданным собачьим взглядом, тупым и воспаленным страстной надеждой, — так смотрят на хозяина домашние животные, измученные болезнью, не понимая, почему это происходит именно с ними. В глазах Рёсукэ было то же непонимание. Возможно, именно сейчас он впервые почувствовал в себе это нарастание беспокойства. То была болезнь. Но не только она была тому причиной.

С этих пор у Эцуко начались счастливые дни — всего шестнадцать коротких дней, зато все счастливые. О, как они были похожи, эти счастливые дни, на их свадебное путешествие! Только теперь Эцуко отправлялась вместе с мужем в страну под названием Смерть. Это путешествие изматывало душу и тело — как и свадебное. Оно сопровождалось страданием и страстью — не было ни пресыщения, ни усталости. Рёсукэ, словно молодая невеста, распластан на постели; его грудь обнажена; тело умело подыгрывает Смерти, в лихорадке отдаваясь кошмарным видениям. В последние дни, когда болезнь атаковала его мозг, он неожиданно подскочил на кровати, словно занимаясь гимнастикой. Из его рта вывалился пересохший язык, обнажились зубы, вымазанные, словно глиной, сочащейся из десен кровью. Он дико рассмеялся.

Точно так же он заливался смехом после их первой ночи, на рассвете, в гостинице Атами[1]. Их комната была на втором этаже. Он отворил окно, взглядом окинул холмистую лужайку — там одна немецкая семья выгуливала огромную борзую. Держал собаку мальчик лет пяти или шести, и в этот момент мимо кустарников пробежала кошка. Собака рванулась за ней. Мальчик, забыв отпустить поводок, шлепнулся на газон. Рёсукэ от души рассмеялся. Собака волочила ребенка по земле. Рёсукэ хохотал без всякого стеснения. Эцуко никогда не видела, чтобы он так громко смеялся.

Эцуко тоже подбежала к окну. Ах, какое утро сияло над лугом! Живописная местность холмилась до самого побережья. Казалось, море плескалось на краю сада. Затем они спустились в вестибюль. Там на стенде стояли красочные путеводители. Над ними висело объявление: «Бесплатно». Проходя мимо, Рёсукэ выдернул один проспект. Пока они ожидали завтрак, он ловко сложил из него журавлика. Их обеденный стол находился у окна.

— Смотри! — произнес Рёсукэ и выпустил через окно в сторону моря бумажную игрушку.

Какая глупость!

Рёсукэ знал, как развеселить любую избалованную женщину. Это был один из сорока восьми приемов, которыми он владел. Следует заметить,

[1] *Атами* — курорт на берегу Тихого океана.

что только тогда он, неистощимый на выдумки, по-настоящему забавлял Эцуко; только тогда он с удовольствием развлекал молодую жену. Это было так искренне, от души!

В то время у Эцуко еще водились деньги — она была единственной наследницей отца. В придачу ей досталась еще одна семейная реликвия — их родословная, которая восходила к старинному роду известного военачальника эпохи феодальных войн. Эта реликвия добавляла ей необычности. Война закончилась, имущество обложили налогом. После смерти отца выяснилось, что Эцуко унаследовала лишь обесцененные акции...

Однако что бы там ни было, а в то утро им ничто не мешало наслаждаться друг другом в гостинице Атами. Когда Рёсукэ заболел лихорадкой, они вновь стали одним целым. Сколько алчности и низости было в ее стремлении выжать до последней капли наслаждение из их трагического счастья! Это счастье выпало на долю Эцуко неожиданно. Она с таким надрывом ухаживала за больным мужем, что посторонним было неловко смотреть на это.

Требуется немало времени, чтобы выявить тиф. Вначале врачи думали, что это какое-то инфекционное заболевание слизистой. Головные боли не проходили, появилась бессонница, аппетита не было вовсе. Однако еще отсутствовали два характерных симптома ранней стадии тифа — резкие скачки температуры и аритмия. В первые два дня у него болела голова, во всем теле была слабость — однако жара еще не было. На следующий день после возвращения домой Рёсукэ не вышел на службу.

Он целый день провел дома, тихо перебирая свои вещи, — словно ребенок, который пришел поиграть в чужой дом. Смутное беспокойство у Эцуко вызвало его полное бессилие, а также вспышка жара. Когда она вошла в его кабинет, Рёсукэ спал на татами, руки были раскинуты в разные стороны. На нем был домашний халат из темно-синей ткани в белый горошек. Он причмокивал губами, словно пробовал их на вкус. Ей показалось, что губы его распухли. Увидев Эцуко, он пробормотал: «Кофе не нужно». Она нерешительно остановилась.

— Поверни-ка вперед узел на поясе, а то давит сильно. Я не могу, — сказал он.

Долгое время Рёсукэ раздражался, когда руки Эцуко прикасались к нему. Он даже не позволял ей помогать одеваться. Что произошло с ним сегодня? Она поставила на столик чашку с кофе, опустилась на колени рядом с ним.

— Что ты задумала? Ты прямо-таки как массажистка, — сказал он.

Эцуко дотронулась до него, потянула за расхлябанный узел узорного пояса. Рёсукэ сделал попытку приподняться. Его грузное тело тяжело повалилось на хрупкие руки Эцуко, и ее запястья заломило от боли. И все-таки она жалела, что это продолжалось всего несколько секунд.

— Вы бы лучше легли в постель, а не лежали на полу. Давайте я постелю?

— Да ладно, не беспокойся. Мне удобно.

— А как температура? Кажется, поднялась.

— В норме по-прежнему.

Вдруг Эцуко совершила то, чему сама поразилась: она прикоснулась ко лбу мужа губами. Рёсукэ молчал. Его глаза тяжело двигались под сомкнутыми веками. Пористая кожа на лбу лоснилась от жира... Да, так. Вскоре появились характерные признаки тифа. Лоб охватил сухой жар, выступившие капельки пота высохли, он начал бредить. Его лицо почернело, стало землистым, как у покойника.

На следующий день, вечером, температура резко подскочила до 39,8. Он жаловался сначала на боли в пояснице, потом — на головные. В поисках прохладного места на подушке он не знал, куда положить голову, и метался по всей постели. Наволочка была измазана сальными волосами и перхотью. С этой ночи Эцуко стала прикладывать к его голове грелку с холодной водой. Есть он мог только жидкую пищу, да и то с трудом. Эцуко выжимала яблочный сок и через рожок поила мужа. Врач, вызванный на следующее утро, сказал, что у него обыкновенная простуда.

«Итак, он наконец-то вернулся ко мне, вот он — передо мной! Я смотрела на него, словно на обломки, выброшенные морем к моим ногам. Я наклонилась. Внимательно, подробно осмотрела измученное тело, которое колыхалось на поверхности воды. Словно жена рыбака, я ежедневно выходила на берег моря — я жила одна и ждала. И вот однажды я обнаружила в заливе, среди скал, утопленника. Тело плавало на мелководье. Оно еще подавало признаки жизни. Не помню, сразу ли я вытащила его? Нет, не вытаскивала. У меня хватило духу только наклониться над телом. Я смотрела на него — страстно, без устали, пристально, бессонно, напрягая все силы. Набежала волна и накрыла полуживое тело. Послышался стон, потом еще раз. Из гортани вырвался хрип — не отрывая глаз, я продолжала следить до последнего горячего вздоха.

Я знала: если бы он выжил, то все равно покинул бы меня — уплыл бы, словно обломок, уносимый отливом в безбрежное море.

Всю страсть я вкладывала в заботу о нем. Это не имело никакой цели! Кто-нибудь знает об этом? Разве кто-нибудь знает, что мои слезы, пролитые в последние часы жизни мужа, были слезами расставания, слезами страсти, которая испепеляла меня день за днем?..»

Эцуко вспомнила день, когда увозили мужа: на носилках занесли в машину, заказанную по телефону, и отвезли в амбулаторию доктора внутренних болезней Коисигавы — Рёсукэ был с ним в приятельских отношениях; вспомнила, как сильно разругалась с девушкой (она видела ее на фотографиях Рёсукэ), которая через три дня после его госпитализации имела наглость заявиться в палату. Как она разнюхала? Услышала от кого-нибудь из сослуживцев? Да ведь никому же не сообщали. Или эти девки чуют болезнь по запаху, как сучки? Еще одна заявилась. Потом другая женщина приходила три дня подряд. И еще одна. Иногда они сталкивались друг с другом, бросали презрительные взгляды и расходились. Эцуко не хотела, чтобы кто-то посягал на их Остров двух одиночеств. Первую телеграмму о критическом состоянии Рёсукэ она отбила в Майдэн в день его смерти. Она вспомнила, как обрадовалась, когда узнала диагноз. На втором этаже госпиталя располагались три палаты. В конце коридора было окно — убогое окно с видом на убогий городской пейзаж.

Запах креозолового масла заполнял коридор. Эцуко любила этот запах. Каждый раз, когда Рёсукэ впадал в короткое забытье, она ходила по коридору из конца в конец, глубоко вдыхая воздух, насыщенный запахом растворов и дезинфекции. Она не выходила на улицу, предпочитая дышать комнатным воздухом. Может быть, потому, что воздух в госпитале противостоял болезни и смерти, там пахло жизнью. Крепкий, резкий запах медикаментов приятно освежал, словно утренний ветерок.

В течение десяти дней температура у Рёсукэ держалась в пределах сорока градусов. Эцуко не отходила от больного мужа. Жар обволакивал его; Рёсукэ предпринимал мучительные попытки распеленаться, выкарабкаться из собственной жаровни. Словно лидер на финишной прямой в марафонском забеге, Рёсукэ раздувал ноздри, хватал воздух пересохшим ртом. Лежа в постели, он словно воплощал образ атлета, бегущего из последних сил — на дистанции со смертельным концом. А Эцуко была как бы из группы поддержки, подбадривала его: «Ну давай! Еще немного, давай!» Рёсукэ закатывал глаза, пальцами хватался за финишную ленточку — край шерстяного одеяла. Горячий, затхлый воздух вырывался из-под него наружу, словно из-под прелой травы запах спящего животного.

Совершая утренний обход, главный врач госпиталя осмотрел грудь Рёсукэ: она бурно вздымалась из-за порывистого дыхания. Когда врач прикоснулся к ней, то кожа, распираемая от жара, вытолкнула пальцы, словно горячая струя гейзера. Разве болезнь не активизирует жизненные силы организма? Затем главврач приложил к груди Рёсукэ стетоскоп из слоновой кости. От его давления кожа немного побледнела. Вдруг на ней вспыхнули мелкие розоватые крапинки.

— Что это такое? — спросила Эцуко.

— Это, как вам сказать, — нудным тоном начал объяснять доктор, но тут же сменил его на непринужденный и дружелюбный, — это розовая сыпь... От слова «роза» — цветы такие. Сыпь... Потом поясню.

Когда осмотр был завершен, доктор проводил Эцуко до двери и спокойно сказал:

— Это тифозная лихорадка. Брюшной тиф. Мы наконец-то получили результаты анализа крови. Где мог Рёсукэ подхватить эту заразу? Он сказал, что во время командировки выпил из колодца воды. Такие вот дела... Все будет в порядке. Если сердце выдержит... Правда, диагноз немного запоздал, странный случай все-таки. Сегодня мы оформим документы, а завтра отправим в спецотделение. У нас здесь изолятор не предусмотрен.

Профессор, постукивая суставами суховатых пальцев по стене, на которой висел плакат с предупреждением о пожаробезопасности, напряженно ожидал, что женщина с темными кругами под глазами, изможденная еженощными бдениями рядом с больным супругом, разразится причитаниями и жалобами: «Доктор, прошу вас! Не отправляйте его, оставьте здесь! Если вы отправите его, то он умрет по дороге! Жизнь человека важнее закона. Доктор, не надо перевозить его в инфекционный госпиталь! Пожалуйста, позвольте определить его в изолятор вашего института. Доктор...»

Он, наученный опытом, со скучающим интересом ждал, что из уст Эцуко посыплются все эти затасканные слова. Эцуко молчала.

— Вы устали? — спросил доктор.

— Нет! — ответила она самоотверженно.

Эцуко не боялась заразиться тифом. Вероятно, это была единственная причина, по которой она не подхватила инфекцию. Вернувшись к постели супруга, Эцуко села на стул и продолжила свое вязание. Приближалась зима. Она хотела связать мужу свитер до наступления холодов. В его палате по утрам уже было прохладно. Она скинула соломенную сандалию, потерла ногой щиколотку другой ноги, — на ногах у нее были белые таби.

— Уже выяснилось, чем я болен? — спросил Рёсукэ. Он дышал учащенно, голос был как у школьника.

— Да.

Эцуко поднялась, чтобы смоченным кусочком ваты увлажнить его губы, потрескавшиеся из-за постоянного жара. Вместо этого она прижалась к щеке мужа, которая заросла щетиной. Щеки Эцуко словно обожгло горячим песком.

— Все наладится! Эцуко тебя вылечит, непременно. Только не беспокойся. Если ты умрешь, то я умру тоже. — (Ее никто не тянул за язык, чтобы давать фальшивые клятвы. Ведь свидетелей не было, а в Бога она не верила.) — Это никогда не случится! Ты непременно, непременно выздоровеешь!

Как сумасшедшая, Эцуко прижалась губами к потрескавшимся губам мужа. Из его рта, словно из подземного чрева, непрерывно струилось горячее дыхание. Своими губами Эцуко увлажнила губы мужа. Они были колючие, как шипы на розах, и измазаны кровью. Рёсукэ резко отвернулся от нее.

Ручка на двери, обмотанная марлей, пришла в движение, и дверь приоткрылась. Эцуко отпрянула от мужа. Заглянула медсестра и сделала глазами знак. Эцуко вышла. В конце коридора стояла женщина в меховом полупальто и длинной юбке. Она облокотилась на окно. Это была женщина с фотографии. С первого взгляда ее можно было принять за полукровку: красивые, ровненькие зубы — как вставные; широкие ноздри. В руках она держала букет цветов. Мокрая парафиновая бумага, в которую были завернуты цветы, прилипала к ее красным ногтям. Одна нога была немного отставлена назад. В этой позе таился порыв к движению. На вид ей было лет сорок: ее возраст выдавали легкие морщины, неожиданно выпорхнувшие из уголков глаз, словно из засады. А с первого взгляда ей можно было дать лет двадцать шесть.

— Здравствуйте! — сказала женщина с едва уловимым акцентом неясного происхождения.

Эцуко оценила ее взглядом: мужчины называют таких женщин таинственными незнакомками — а на самом деле кто они? Это обыкновенная высокооплачиваемая ночная бабочка. И она была причиной стольких страданий! Однако сейчас Эцуко была не в состоянии привести к одному знаменателю, к одной причине, к одному субъекту все свои страдания — прошлые и нынешние. В какой-то момент боль Эцуко обрела самостоятельное бытие — отдельное от существования Эцуко (как это ни странно) — и стала развиваться сама по себе. Эта женщина, словно удаленный зуб, не вызывала у Эцуко ни малейшей боли. Подобно больному, который выздоровел после легкого недомогания, а теперь столкнулся лицом к лицу со своей смертью, Эцуко была растоптана одним только предположением, что эта женщина когда-то являлась причиной всех ее страданий.

Незнакомка вынула визитную карточку с мужским именем, сказала, что она пришла из фирмы, где работает ее муж, навестить больного сотрудника. На карточке стояло имя генерального директора фирмы. Эцуко ответила, что она не может сопроводить ее в палату больного, потому что врачи запретили пускать посетителей. По лицу женщины пробежала тень.

— Мой супруг просил меня навестить его и узнать о состоянии его здоровья.

— А мой супруг в таком состоянии, что ни с кем не может видеться.

— И все же если вы позволите увидеть его, то у меня будет что сказать супругу.

— Если бы ваш супруг пришел сам, то я бы позволила ему войти.

— Почему же моему супругу позволительно входить, а мне нет? Я не нахожу никаких оснований. Вы говорите так, что у меня возникают подозрения.

— Ну хорошо! Никому нельзя входить к нему! Теперь вы удовлетворены?

— Очень странно то, что вы говорите. Вы... вы его супруга? Вы супруга Рёсукэ?

— Я — единственная женщина, кто может называть его этим именем. Я его жена!

— Прошу вас, пожалуйста, не отказывайте. Я умоляю вас, позвольте мне только взглянуть! Вот — возьмите, пожалуйста, эту пустяковую вещь. Она украсит его изголовье.

— Благодарю вас!

— Госпожа Сугимото, можно увидеть его? Как он? Он серьезно болен?

— Никто не знает, выживет он или умрет, — ответила Эцуко, скривив губы.

— Ну раз такое дело, то я войду без вашего позволения, — надменно сказала женщина, отбросив приличия.

— Ну так ступайте же! Располагайтесь как у себя дома, если настаиваете! — сказала Эцуко, встав на пути. Потом через плечо произнесла: — Вы уже знаете диагноз?

— Нет.

— Тиф.

Женщина остановилась, ее лицо побледнело.

— Ти-и-иф? — прошептала она.

По ее виду Эцуко поняла, что ее собеседница глупа. Напуганная этим словом, она выставила себя заурядной бабой, которая, едва заслышав о туберкулезе, начинает приговаривать: «Избави бог, избави бог!» Эта женщина могла даже перекреститься! Такие они, содержанки! Что это она хвост поджала? Эцуко решительно распахнула перед ней дверь. От неожиданности женщина вздрогнула. Эта реакция обрадовала Эцуко. Более того — Эцуко предложила ей стул, придвинув его поближе к изголовью мужа.

Женщина боязливо вошла в палату — на попятный идти было поздно. О, с каким наслаждением выставляла Эцуко напоказ мужу эту женщину, охваченную страхом! Она скинула полупальто, но не знала, куда его положить. Как бы не подхватить какой-нибудь инфекции! Отдать в руки Эцуко тоже нельзя. Ведь она ухаживает за мужем, выносит судно из-под него и всякое такое. Лучше бы не снимать пальто — так безопасней. Женщина снова накинула на плечи пальто, затем, отодвинув подальше стул, присела.

Эцуко назвала мужу имя, указанное на визитной карточке. Рёсукэ мельком взглянул в сторону посетительницы, но не произнес ни слова. Женщина скрестила ноги. Она была бледной и молчала.

Из-за ее спины Эцуко пристально следила за лицом мужа. Она, как медсестра, стояла на страже. Вдруг, чем-то обеспокоенная, Эцуко горько вздохнула: «А что, если мой муж нисколечко не любит эту женщину? Стало быть, мои страдания были напрасны? Значит, мы просто дурачили друг друга пустыми забавами? Все это время я одна, как борец сумо, боролась с тенью противника? Если сейчас в глазах мужа не появится хоть малейший признак любви к этой женщине, то я не сойду с этого места! А если он не любил ни эту женщину, ни одну из тех троих, которым я отказала в свидании?.. Ах!.. Как мне быть? Какой жалкий финал!»

Рёсукэ, глядя в потолок, пошевелился под тяжелым одеялом — оно стало понемногу сползать с края кровати. Рёсукэ согнул ноги в коленях. Край одеяла сполз на пол. Женщина отпрянула, напрягшись. Она даже не протянула руки, чтобы поправить одеяло. Это сделала Эцуко, мигом подбежав к постели.

В эти несколько секунд Рёсукэ повернул голову в сторону посетительницы. Эцуко, занятая одеялом, пропустила это мгновение. Однако интуитивно она почувствовала, что муж и эта женщина обменялись взглядами — взглядами, в которых сквозило презрение к ней, Эцуко. Он, больной, почти при смерти, с высокой температурой, улыбнулся и подмигнул этой женщине.

Это была не интуиция, а скорее догадка, возникшая в тот момент, когда у мужа дернулась щека. И тогда Эцуко испытала чувство облегчения, недоступное пониманию тех, кто привык примитивно судить о вещах.

— У вас нет причины для беспокойства, вы поправитесь. Сердце у вас крепкое, как ни у кого, — с чувством произнесла женщина.

Ласковая улыбка расплескалась на заросшем лице Рёсукэ. Возникло неловкое молчание. Женщина мелодично рассмеялась.

Через несколько минут она ушла.

В эту ночь у Рёсукэ началось воспаление мозга. В комнате ожидания, внизу, на всю громкость играло радио. Оно транслировало какой-то визжащий джаз.

— Это невыносимо, — стонал Рёсукэ. — Я так страшно болен, а тут еще эта нелепая музыка, — с трудом говорил он, жалуясь на ужасные головные боли. Чтобы яркий электрический свет не резал глаза больному, лампочка в палате была занавешена платком. Эцуко встала на стул и собственноручно завязала муслиновый платок, не обращаясь за помощью к медсестре. Свет электролампочки, просачиваясь через ткань, отбрасывал на лицо Рёсукэ тень, придавая ему травянистый, нездоровый оттенок. Глаза, мерцающие слезами обиды, наливались кровью.

— Пойду-ка я вниз и выключу радио, — сказала Эцуко.

Она отложила вязанье, поднялась. Подойдя к двери, услышала за спиной страшный крик. Это был крик зверька, на которого наступили. Эцуко обернулась. Рёсукэ сидел на постели. Обеими руками он намертво вцепился в одеяло и, словно ребенок, беспокойно впился глазами в дверь.

На крик прибежала сестра. Вдвоем они уложили Рёсукэ — словно он был складным стулом — в постель, помогли ему засунуть руки под одеяло.

Больной не прекращал стонать, но был послушен. Через некоторое время, дико вращая глазами, он снова завопил:

— Эцуко! Эцуко!

В голову Эцуко пришла странная мысль: из всех женских имен он выкрикнул ее имя, но выкрикнул не по своей воле, а по ее воле, по ее внушению, именно ее имя он должен произносить так же отчетливо, как параграф в уставе, — в этом Эцуко была убеждена.

— Ну же, еще разок позови!

Медсестра удалилась с докладом к доктору, когда Эцуко наклонилась над Рёсукэ и, требуя произнести ее имя, схватила его за грудки и жестоко тряхнула. Задыхаясь, он снова подал голос:

— Эцуко! Эцуко!

Глубоко за полночь Рёсукэ стал выкрикивать бессвязные слова: «Темно! Темно! Темно! Темно!» Он свалился с кровати, опрокинул стол. Бутылочки с лекарствами и рожок для питья с грохотом покатились по комнате. Ступая босыми ногами по осколкам, он оставлял кровавые следы. Три больничных служителя прибежали на шум и утихомирили больного.

На следующий день ему сделали укол успокоительного, положили на носилки и занесли в машину. Не таким уж легким он оказался. Шел дождь. От госпиталя до ворот, где ждала машина «скорой помощи», его сопровождала Эцуко, раскрыв над ним зонтик.

Госпиталь инфекционных заболеваний. Когда Эцуко увидела, что машина приближается к этому унылому зданию, которое высилось по другую сторону железного моста, отбрасывая тень на выщербленный тротуар, ее лицо озарилось невольной радостью. Чему она радовалась? В этом здании она увидела образ своей одинокой жизни... Идеал ее жизни обретал конкретные очертания. Вот теперь-то никто не сможет проникнуть на ее Остров одиночества! Никто! Если кому и будет позволено там находиться, так только тем, для кого сопротивление вирусу является единственным смыслом существования.

Бред, ночное недержание, рвота, диарея, зловоние — вот что ожидает всякого, кто поселится на этой территории. Эта грубость и непристойность — единственная форма воспевания жизни. Оно не нуждается ни в законах, ни в моральных оправданиях. Там каждое мгновение, словно на рыбном рынке, воздух сотрясается от выкриков торговцев, предлагающих свой товар: «Живая! Живая! Живая!» Это место похоже на вокзал: жизнь прибывала и отправлялась, приходила и уходила, высаживала одних пассажиров и подбирала свеженьких. Какое суматошное место! Безумное сборище тел объединяла простая форма жизни — вирус. И врач, и больной были олицетворением вируса, который свидетельствовал о невидимой жизни. Нередко на весах жизни человек и вирус уравновешивали друг друга. Там, где жизнь торжествует ради жизни, мелкие страстишки не выживают, — вот тогда всем распоряжается счастье. Оно, как известно, продукт скоропортящийся. Его необходимо потреблять сразу, пока не исчезло!

И Эцуко с небывалой страстью окунулась в жизнь, пропитанную смрадом и смертью. Муж постоянно мочился под себя. На следующий день после госпитализации она обнаружила в его испражнениях кровь. То, чего опасались, произошло — внутреннее кровотечение.

У него не спадала высокая температура, но, несмотря на это, он не терял в весе; цвет лица тоже не менялся. Лежа на жесткой кровати, он сиял румянцем — словно младенец. Для буйных выходок у него не было сил. Мрачный и апатичный, он держался обеими руками за живот или поглаживал грудь кулаками. Или обнюхивал пальцы, растопыренные перед ноздрями.

В неусыпном, застывшем взгляде Эцуко сосредоточилась теперь вся ее жизнь. Ее глаза, словно распахнутые окна, куда врывается беспощадный ветер и дождь, казалось, не закрывались целую вечность. Медицинский персонал с удивлением наблюдал, как лихорадочно и самоотверженно она ухаживает за мужем. Она спала в сутки часа два — и то вполглаза, не отходя от больного, вдыхая смрадный запах полуголого тела, урины. И даже в эти часы короткого сна ей приходилось вскакивать, когда он, словно падая во сне в глубокую пропасть, выкрикивал ее имя.

В качестве последней меры доктор рекомендовал переливание крови, но мимоходом намекнул на ее безнадежность. После переливания Рёсукэ сразу же утихомирился — он заснул. Медсестра принесла бланк. Эцуко вышла в коридор. Там стоял подросток в нахлобученной на голову охотничьей шляпе. Цвет его лица был нездоров. Он ждал. Увидев Эцуко, он снял шляпу и молча поклонился. На голове, над левым ухом, была хорошо заметна небольшая плешь. Глаза слегка косили, нос был сильно приплюснут.

— Что тебе? — спросила Эцуко.

Подросток мял в руках шляпу, правой ногой шаркал по полу. Он ничего не сказал.

— А, вот это? — Эцуко указала на бланк. Мальчик кивнул.

Он получил деньги и повернулся к выходу. Эцуко смотрела ему вслед. Джемпер на спине был замызган. Она подумала, что кровь этого мальчика сейчас циркулирует в жилах Рёсукэ. «Разве она поможет Рёсукэ? Было бы лучше, если бы кровь продал взрослый мужчина. Грешно брать кровь у мальчика. А у взрослого разве не грешно?» Мыслями Эцуко вновь возвращалась к больному мужу. «Хорошо бы продать излишек зараженной крови Рёсукэ — продать ее здоровым людям! И тогда Рёсукэ поправится, а здоровые — пусть заболеют. Вот это эффект будет от денег, ассигнованных городским бюджетом на содержание госпиталя инфекционных заболеваний! Нет, это не вернет здоровье Рёсукэ. Если он выздоровеет, то он сбежит от меня навсегда. Навсегда!» Эцуко понимала, что этот мутный поток беспорядочных мыслей захлестывает ее сознание в полусне, в полубреду — так внезапно заходит солнце и на землю падают сумерки. В вечернем небе плыли белые облака, вместе с ними поплыли окна, вытянутые в одну цепочку... Эцуко упала в обморок прямо в коридоре.

Это был легкий удар, вызванный малокровием. Ее принудили к кратковременному отдыху. Однако через четыре часа пришла медсестра. Она сказала, что Рёсукэ умирает.

Казалось, что он хотел что-то сказать, шевелил губами, но мешал кислородный ингалятор, который Эцуко придерживала руками. Что он хотел сказать — старательно, отчаянно, радостно, беззвучно?

«Изо всех сил я придерживала у его рта ингалятор. В конце концов мои пальцы стало сводить судорогой, плечи тоже занемели. Срывающимся на крик голосом я позвала на помощь: „Эй, помогите мне! Кто-нибудь! Быстрее!“ Подскочила перепуганная медсестра и перехватила из моих рук ингалятор. На самом деле я не устала. Просто я испугалась. Я испугалась беззвучных слов, которые пытался выговорить мой муж, обращаясь в пустоту, непонятно к кому... Может быть, это была новая вспышка ревности? Или это был страх, спровоцированный ревностью? Я не знаю... Однако если бы я потеряла контроль над собой, то я наверняка закричала бы: „Чтоб ты сдох! Чтоб ты сдох сейчас же!“

Как-то глубокой ночью (его сердце еще билось, и ничто не предвещало остановки) два доктора шепотом переговаривались у кровати Рёсукэ: „Чем его еще можно поднять?“ Я проводила их переполненным ненавистью взглядом. После всего, что произошло, разве он не должен умереть? Той ночью произошла наша последняя битва.

В то время для меня не было разницы — почти не было — между счастьем супружеской жизни, которое могло бы быть, если он выздоровеет, и настоящим, реальным счастьем, которое я испытывала, несмотря на его безнадежное состояние. Так мне иногда казалось, что вместо зыбкого счастья я смогу обрести вполне конкретное, а вместо хрупкой жизни мужа лучше бы созерцать его реальную смерть. Мои надежды на выздоровление Рёсукэ крепли с каждым часом, но они были равнозначны моим мольбам о его смерти. Однако это тело, тело моего мужа, продолжало жить! Оно продолжало жить, чтобы предавать меня!

„Похоже, что у него идет кризис“, — сказал врач с надеждой в голосе. Во мне вновь поднялась волна ревности. Слезы упали на мою правую руку, которой я придерживала лицо Рёсукэ, но левая рука несколько раз пыталась отстранить от его рта кислородную трубку — в присутствии медсестры, дремавшей рядом на стуле. С наступлением ночи в комнате становилось прохладно. Бегущие огни неоновой рекламы и огни светофоров на станции Синдзюку[1] из глубины ночной темноты светили мне в глаза через окно палаты. Свистки поездов и едва слышный стук колес, смешиваясь с гудками проезжающих автомашин, раздирали воздух. Чтобы не мерзнуть, я накинула на плечи шерстяной платок. Если бы я убрала в этот момент кислородную трубку, то никто бы не заметил. Я не верю никаким свидетелям, кроме человеческих глаз. И все-таки я не смогла этого сделать. До самого рассвета обеими руками я держала трубку ингалятора. Какая сила удерживала меня от этого поступка? Любовь? Нет, только не она! Моя любовь приговорила его к смерти. На каком основании? Это не важно. Моему разуму достаточно было убедиться в том, что рядом нет свидетелей. Трусость? Отнюдь нет! В конце концов, я даже не боялась подхватить тифозную лихорадку. Я до сих пор не знаю, какая сила удержала меня.

Да и необходимости в смертоубийстве уже не было. Я это поняла перед рассветом, когда холод стал пронизывающим. Небо начинало светлеть. Уступая утренней заре, редели облака. Пламенные разрывы между ними как бы напоминали о суро-

---

[1] *Синдзюку* — район в центральном Токио.

вом наказании небес. Вдруг я обратила внимание, что Рёсукэ стал дышать нерегулярно. Словно пресыщенный молоком материнской груди младенец, он неожиданно отвернул голову от кислородного ингалятора и, кажется, передавил трубку. Я не удивилась. Положив на подушку рядом с ним ингалятор, я вынула из-за пояса ручное зеркальце. Еще в детстве мне подарила его мама — она умерла, когда я была девочкой. Это было старинное зеркальце, украшенное с обратной стороны красной парчой. Я поднесла его ко рту Рёсукэ, но оно не запотело. Только припухшие губы Рёсукэ, окаймленные щетиной, отразились в нем отчетливо с застывшим невысказанным упреком...»

* * *

Эцуко приехала в Майдэн по приглашению Якити. Может быть, решение приехать в деревню основывалось на тех же мотивах, что привели ее когда-то в госпиталь инфекционных заболеваний? Не был ли приезд в Майдэн для нее подобен возвращению в госпиталь?

Разве атмосфера в доме Сугимото, где она вынуждена была жить, чем-то отличалась от атмосферы в госпитале? Казалось, что невыносимый дух разложения, который не давал возможности глубоко вздохнуть, держал Эцуко на невидимой цепи.

Это было как раз в середине апреля. Ночью в комнату Эцуко пришел Якити, чтобы поторопить ее с починкой одежды.

Тем вечером в подсобном помещении размером в восемь татами собрались все домашние — Эцуко, Кэнсукэ с женой, Асако с двумя детьми, а также Сабуро и Миё. Часов до десяти они мастерили пакеты для мушмулы. В этом году они немного запаздывали. Обычно они приступали к этой работе в начале апреля, но нынешний год выдался урожайным на бамбуковые побеги, поэтому на их заготовку потребовалось больше времени. Они торопились. Если мушмулу не завернуть в пакеты, то долгоносики могли проникнуть в плоды и высосать сок. Некоторые из плодов были величиной с большой палец. Сидя на коленях, каждый мастерил тысячи таких пакетов. Рядом лежала пачка старых журналов, посредине стоял общий для всех котелок с мучным клейстером. Соревнуясь друг с другом, все страшно торопились — если в журнале попадалась интересная страница, то не было ни секунды даже взглянуть на нее.

Во время таких поздних работ забавно было наблюдать за Кэнсукэ. Он ворчал, лицо кривилось от недовольства. Без нытья он не склеил ни одного пакета. Он все время бубнил: «Ненавижу! Да это же подневольный труд. Какое бессмысленное занятие! К чему все это? Отец вон уже ушел спать — раньше всех! Так оно и есть, будьте уверены. На него это очень похоже. А почему мы должны покорно работать? А что, не поднять ли нам бунт? Если мы не будем бороться за повышение зарплаты и так далее, то отец обнаглеет совсем. Тиэко, ты хочешь получать в два раза больше? Мне, конечно, все равно ничего не перепадет, хоть дважды увеличивай зарплату. Ага, а вот и статейка, глянь — „Решимость японского народа в связи с революцией в Северном Китае“. Поразительно! А с обратной стороны что? „Сезонное распределение в период военных действий“».

Так, отвлекаясь на болтовню, Кэнсукэ с трудом склеивал два пакета, пока остальные делали по десять штук. Иногда казалось, что он намеренно мелет чепуху, чтобы под шумок скрыть собственное неумение — что было вполне очевидно для окружающих. Однако в глазах Тиэко он выглядел этаким героем-циником. Однажды примерив на себя шутовской наряд, он уже не мог от него избавиться. На самом деле Тиэко искренне гордилась мужем. Они оба славились умением щегольнуть острым словцом. Она была женщиной проницательного ума: чувствуя настроение мужа, Тиэко всегда разделяла его недовольство отцом, которого презирала в глубине души так же, как и муж. Время от времени она подбрасывала исподтишка готовые пакеты в стопку Кэнсукэ. Эта деликатность бросилась в глаза Эцуко, ее губы невольно скривились в ухмылке.

— Эцуко, как ловко у тебя выходит! — сказала Асако.

— Итак, перерыв! Подводим итоги! — скомандовал Кэнсукэ и стал обходить всех по кругу.

У Эцуко оказалось больше всех — триста восемьдесят пакетов. Ее рекорд на равнодушную Асако впечатления не произвел, только Сабуро и Миё были всерьез изумлены. Однако Кэнсукэ и его жена испытали легкое раздражение. Эцуко это почувствовала. Цифра, которая стала своего рода показателем ее жизнеспособности, уколола самолюбие Кэнсукэ. Он язвительно произнес: «Смотрите-ка, этими пакетами заработала себе на жизнь одна Эцуко. Не то что мы!»

Асако, поняв его слова буквально, спросила: «Эцуко, где ты наловчилась клеить пакеты?»

Мелкое деревенское тщеславие, из которого произрастали жалкие предрассудки этих людей, возомнивших себя респектабельным классом, вызывали у Эцуко лишь презрение. Выйдя из аристократической среды, она была беспощадна к таким выскочкам. Эцуко ответила намеренно заносчиво: «Было где научиться!»

Кэнсукэ и Тиэко переглянулись. В эту ночь предметом их пылкого разговора в постели стала генеалогия Эцуко, позволявшая ей быть высокомерной.

В то время Эцуко почти не замечала Сабуро, считая, что он не достоин ее внимания. Порой даже не могла вспомнить, как он выглядит. Это было вполне естественно. Не обронив ни слова, Сабуро усердно склеивал из бумаги пакеты своими нерасторопными пальцами. Время от времени он улыбался, слушая пустые разговоры домашних. Поверх его повседневной залатанной рубахи был накинут на плечи старый широченный пиджак, дарованный Якити. Почтительно склонив голову под тусклой лампой, он сидел на коленях в новеньких брюках цвета хаки.

Еще лет восемь или девять назад в доме Сугимото пользовались газовой лампой. Старожилы говорят, что от газовых ламп в домах было намного светлее. Потом провели электричество, но полагаться на него было совершенно невозможно: из-за слабого напряжения в сети стоваттная лампочка едва накалялась до сорока ватт. Даже радио можно было слушать только по ночам — да и то если позволяли метеоусловия.

И все-таки нельзя сказать, что Эцуко совсем не обращала внимания на Сабуро. Быстро и тщательно склеивая пакеты, Эцуко время от времени поглядывала на неуклюжие пальцы Сабуро. Эти грубые, толстые, старательные пальцы раздражали ее. Она посмотрела в другую сторону. Тиэко помогала мужу. В этот момент ей подумалось, что если она тоже станет помогать Сабуро, то это никому не покажется странным. Тем временем Миё, сидевшая рядом с Сабуро, закончила склеивать свою норму пакетов и принялась помогать ему. Увидев это, Эцуко успокоилась.

«В тот момент я успокоилась. Да, именно так. Никакой ревности или чего-то в этом роде у меня не было. Я почувствовала такую легкость, словно с моих плеч свалился груз ответственности. После этого я уже сознательно пыталась не смотреть в сторону Сабуро. Это было не так уж трудно. Я подражала ему во всем — невольно, не видя его: он наклонится — и я наклонюсь; он молчит — и я молчу; он забудется, с головой уйдя в работу, — и я...»

И снова ничего не происходило.

Наступило одиннадцать часов. Все разошлись по своим комнатам. Что чувствовала она тогда, когда в первом часу ночи, попыхивая трубкой, Якити вошел в ее комнату, где она сидела за штопкой его одежды, зашел, чтобы спросить, хорошо ли ей спится в последнее время? Каждую ночь старик прислушивался к малейшему шороху из комнаты Эцуко — благо что их комнаты разделял коридор. Словно одинокая мышь, он все ночи напролет был на страже, пока домашние тихо посапывали во сне; прислушивался, затаив дыхание: казалось, что она совсем рядом, близко-близко, родная... Его острый старческий слух, будто морская раковина, наполнялся и омывался чистотой и мудростью — разве не так? Считается, что острый слух у пожилых людей — в большей степени, чем обоняние, зрение или осязание, — является, как и у животных, признаком ума. Не потому ли Эцуко смогла разглядеть в Якити, в его заботливом отношении к ней, не только уродство?

Ну, при известном лицемерии, эти отношения можно было бы назвать любовью. Якити стоял за спиной Эцуко, перелистывая отрывной календарь на дверном косяке.

— Что такое? Будь аккуратней! На календаре прошлая неделя, — сказал он.

Эцуко слегка обернулась:

— Ах, извините!

— Извините? Нет, тебе не следует извиняться!

В его голосе звучали добрые нотки. Эцуко слышала, как он отрывал за ее спиной листки календаря. Звуки прекратились. Вдруг он обхватил Эцуко за плечи. Потом она почувствовала, как холодные пальцы — сухие, как бамбук, — стали сползать на ее грудь. Она напряглась, но ничего не сказала. Хотела было вскрикнуть, но удержалась.

Чем объясняется эта покорность? Простым вожделением? Ленью? Или она не отвергала его притязания, словно изнемогающий от жажды путник, готовый припасть к любому застоявшемуся водоему? Вряд ли! Эцуко совсем не мучилась жаждой. Никогда ничего не желать — вот что было изначально в ее характере. Кажется, это всепоглощающее чувство самодостаточности, с которым она приехала в Майдэн, окрепло в ней в госпитале инфекционных заболеваний. Возможно, Эцуко утоляла не жажду — просто она инстинктивно наглоталась этой мутной воды, будто утопленник в заливе. То, что она ничего не желала, означало одно: она потеряла свободу выбора или свободу отречения. Если ты однажды решишь, что для утоления жажды у тебя нет иной возможности, кроме как осушить то, что попадется под руку, если даже это морская вода, то тебе ничего не остается...

Однако после этого инцидента ни один мускул не дрогнул на лице Эцуко, она не показала вида, что нахлебалась морской воды. До самой ее смерти, казалось, никто не понимал, что она тонет. Она не звала на помощь, будто собственной рукой заткнула кляпом рот...

Вылазка в горы была запланирована на восемнадцатое апреля. Это называлось «любование цветами вишни». Обычно в этот день люди брали выходной, собирались всей семьей и отправлялись гулять по склонам.

Все в доме Сугимото, кроме Якити и Эцуко, питались в это время одними бамбуковыми побегами. Их первый арендатор Окура доставал из амбара прошлогодний урожай бамбуковых побегов, грузил на велосипедную тележку и отвозил на рынок — там он продавал их, рассортировав на три категории. Остатки выметались вместе с мусором. С апреля по май семейство Сугимото вынуждено было доедать прошлогодние запасы.

День, когда они отправились в горы, выдался замечательным. В дорогу взяли провиант и циновку. В деревенской школе были отменены занятия — старшая дочь Асако радовалась.

Эцуко вспоминала: «Мы провели чудесный весенний день. Он был похож на картинки из школьных учебников. Мы как будто сошли с этих картинок. Или воображали себя их персонажами. Всюду пахло навозом. Воздух трепетал от жужжания пчел и майских жуков. Солнечный свет и весенний ветерок — в их ослепительных потоках, сверкая белым оперением на брюшке, кувыркались ласточки...»

С утра все суетились в доме, были заняты приготовлениями к походу. Эцуко закончила укладывать суси в коробочку для завтрака и стала наблюдать сквозь деревянную решетку окна за старшей дочерью Асако, которая в одиночестве играла возле каменных ступеней веранды. Она была одета в ярко-желтый — как цветы сурепки — жакет. Ее мать всегда отличалась отсутствием вкуса. Нобуко сидела на корточках, опустив голову. Чем занимается эта восьмилетняя девчонка? Рядом на камне стоял чайник, над ним поднимался пар. Нобуко увлеченно следила за чем-то между каменными плитами.

«...Там был муравейник. Она заливала его горячей водой. Муравьи корчились в смертельных судорогах. Восьмилетний ребенок опустил между колен коротко остриженную голову. Не произнося ни слова, девочка наблюдала за агонией муравьев. Она покачивала головой, два кулачка подпирали щеки, волосы упали на лицо...»

Легкое, освежающее чувство охватило Эцуко, наблюдавшую это зрелище! Глядя на эту девочку, на ее оголенную маленькую спинку, она узнавала в ней себя. Она продолжала смотреть на нее, пока из кухни не раздался голос Асако, которая обнаружила исчезновение чайника. С этого дня Эцуко стала испытывать к этой восьмилетней девочке, уродившейся такой же некрасивой, как ее мать, чувство материнской любви или что-то похожее.

В самый последний момент перед уходом на пикник произошло маленькое препирательство — решали, кого оставить сторожить дом. В конце концов согласились, что предложение Эцуко разумно, и присматривать за хозяйством поручили Миё. Единодушие, с каким было принято предложение, Эцуко нисколько не обрадовало. Причина ее безразличия скрывалась неглубоко — ведь Эцуко поддержал Якити!

Когда семейство Сугимото, словно гусиный выводок, вышло на тропинку, которая вела от окраины их владений до соседней деревни, Эцуко поразилась внезапному открытию: все бессознательно выстроились друг за другом, как подсказывало чувство социальной иерархии. Это был животный инстинкт — как у муравьев, которые распознают чужаков из других муравейников по осязанию, по запаху; так же муравьиная королева распознает своих рабочих муравьев — и наоборот... Они не осознавали этого и не могли осознать. Или, может быть, для этого требовались более очевидные свидетельства?..

Вереница, однако, сформировалась непроизвольно: впереди шел Якити, за ним — Эцуко, следом шли Кэнсукэ и Тиэко, затем Асако и Нобуко (пятилетнего Нацуо оставили на попечение Миё), замыкал ряд Сабуро — он тащил на своих плечах завязанный в узел расписной платок с провиантом.

Они пересекли заброшенный участок, на котором до войны у Якити был виноградник. Теперь треть этой площади была занята саженцами персиковых деревьев — они были в полном цвету. На остальных землях стояли три теплицы — скособоченные, с разбитыми тайфуном стеклами. Застоявшаяся дождевая вода наполняла железные ржавые баки. Виноградные лозы одичали, солома вспыхивала солнечными бликами...

— У, как заросло-то! Нынче, как только появятся свободные деньги, займемся ремонтом, — сказал Якити, постукивая толстой тростью по столбу теплицы.

— Отец, вы постоянно говорите об этом, — сказал Кэнсукэ. — Эти теплицы, вероятно, простоят еще целую вечность в таком виде.

— Значит, я вкладываю деньги в вечность, так, по-твоему?

— Нет, совсем не это я имел в виду! — вспыхнул Кэнсукэ. — Когда у вас появятся деньги, то на ремонт уйдет, как всегда, или очень много, или очень мало.

— Ах вот в чем дело! Точно так же я никогда не знаю, много или мало денег даю вам на расходы.

С этими разговорами они поднялись на вершину холма — там росли сосны, под ними цвели несколько горных вишен. Они насчитали всего пять деревьев.

Окрестные горы не могли похвастаться обилием сакуры, поэтому им ничего не оставалось, как расстелить свои узорные татами под кроной одного дерева, с весьма сомнительным видом на другие. Когда семейство Сугимото, вытянувшись цепочкой, прибыло сюда, то под каждым деревом уже расположились местные крестьяне. Они почтительно кланялись, однако своих мест, как бывало раньше, не уступали.

Кэнсукэ и Тиэко стали перешептываться друг с другом, поглядывая на крестьян. Якити выбрал склон, откуда открывался более или менее приличный вид, и велел всем расстилать татами. Один из знакомых фермеров, мужчина лет пятидесяти, в клетчатом пиджаке и галстуке цвета персика, подошел к ним с бутылкой неочищенного саке и предложил выпить по чашечке по случаю праздника. Кэнсукэ равнодушно принял чашечку и выпил.

«Ну почему? — подумала Эцуко. Она смотрела на Кэнсукэ, ее мысли путались. — Почему Кэнсукэ принял из его рук это саке? Ведь он только что дурно говорил о нем. Если он просто хотел выпить, то в этом нет ничего странного. Так ведь он не хотел! Это было видно по его лицу. Ясно! Он сделал это в насмешку — в насмешку над человеком, который не догадывается, что над ним смеются за его спиной. Фу, какое бесстыдство! Что за радость похихикать исподтишка? Создает же Бог таких людей ради глупых забав».

Затем чашку саке приняла Тиэко — вслед за мужем, по его примеру.

Эцуко отказалась. Ее отказ выпить саке за компанию дал еще один повод для разговоров о ней как о заносчивой женщине.

Этот день оставил у нее приятное впечатление от семейного общения, — во всяком случае, Эцуко не находила повода для недовольства. Во-первых, она была удовлетворена внешне равнодушными отношениями между ней и Якити — они научились не выказывать превосходного настроения, сохраняя бесстрастное выражение лица. Во-вторых, она была довольна Сабуро — он не поддерживал застольного разговора, был скучным, помалкивал все время. В-третьих, ее устраивала сдержанность Асако, материнская заботливость которой не была слишком назойлива. В конце концов, даже Кэнсукэ и его жена, которые прятали свою враждебность под маской доброжелательности, не вызывали в ней неприязни.

Нобуко облокотилась на колено Эцуко, в руке которой были полевые цветы.

— Как называются цветы, тетя Эцуко? — спросила она. Эцуко не знала, поэтому обратилась к Сабуро.

Сабуро взял цветы, но тут же вернул их.

— Это воробейник, — сказал он.

Эцуко удивилась не странному названию цветов, а тому, как быстро он вернул ей букет. Чуткая на слух Тиэко вмешалась в разговор:

— Этот парень только делает вид, что ничего не знает, а на самом деле он знает многое! Ну-ка спой песню Тэнри! Вы будете восхищены, он прекрасно все помнит.

Сабуро опустил голову, покраснел.

— Пожалуйста, спой! Что ты стесняешься? Спой же! — настаивала Тиэко, протягивая ему яйцо, сваренное вкрутую. — Смотри, возьми вот это. Спой для нас!

Сабуро взглянул на зажатое в руке яйцо. Колечко с дешевеньким камнем сверкнуло на ее пальце. В его черных, как у щенка, глазах отразился солнечный луч.

— Не надо мне яйца. А песню спою, — сказал он и смущенно улыбнулся.

— Вот эту — «Если взором окинуть весь мир...», — сказала Тиэко.

— А, «Если взором окинуть весь мир»?

Его лицо стало серьезным. Взгляд устремился вдаль — туда, где находилась деревня. Сабуро декламировал литанию секты Тэнри, словно зачитывал императорский указ:

Я взором окинул мир тысячелетний,
ускользающий за линию горизонта.
Ни одна душа не знает, что произойдет дальше.
Кто поведает мне о том, что станет с этим миром?
Никто не знает, в чьем слове откроется истина.
Когда Господь откроется нашему взору,
Он поведает нам о самых простых вещах.

— Во время войны это было под запретом, — произнес Якити. — Первые три стиха звучат так, словно в них заключается все Его таинство. По логике мысли, во всяком случае. Вот почему, я думаю, информационное агентство не транслировало эту песню, — сказал он многозначительно.

Ничего интересного в этот день — в день их семейной вылазки в горы — не произошло.

Через неделю Сабуро взял три дня отпуска. Он брал их ежегодно в апреле, чтобы поехать в Тэнри для участия в фестивале, который проводился двадцать шестого числа. Там он собирался встретиться со своей матерью — обычно они останавливались в одной гостинице, а потом совершали паломничество в Главный храм.

Эцуко никогда не бывала в Тэнри, где стоял величественный храм, воздвигнутый на пожертвования прихожан и верующих со всей страны. Эта помощь называлась «кипарисовой верой». В центре храма помещается алтарь. Его называют чудесным. Рассказывают, что в последний день мира на него должна упасть небесная манна; если это будет зимой, то она упадет в виде снежных хлопьев, словно сноп солнечных лучей через окна на крыше храма, — кружась и танцуя на ветру.

В словах «кипарисовая вера» ясно слышатся звуки молитвы, радость труда, ощущается запах свежего дерева. Есть предание о старце, который, будучи не в силах выполнять тяжелую работу, помогал тем, что переносил землю в носовом платочке.

«Ну хватит об этом... За эти три коротких дня, пока не было Сабуро, во мне вызрело какое-то новое чувство, вызванное его отсутствием. Словно садовник, который после долгих трудов и забот испытывает радость, когда берет в ладони персик, наслаждаясь его тяжестью, я ощутила, как налились тяжестью мои руки, когда Сабуро отправился в отпуск, — эта тяжесть была сладостной. Сказать, что мне было одиноко в эти три дня, — значит солгать. Чувство, вызванное его отсутствием, было похоже на что-то тяжелое и ароматное. Это было наслаждение! Повсюду в доме, куда бы я ни заходила: в сад, на кухню, в мастерскую, в его спальню, — я везде ощущала его присутствие».

На окне спальни Сабуро проветривалось одеяло. Оно было из хлопчатобумажной ткани — тонкое, темно-синего цвета. Эцуко отправилась в конец огорода за китайской капустой и кунжутом для ужина. Окно спальни Сабуро выходило на юго-запад. После полудня в него заглядывало солнце, лучи проникали во все уголки комнаты. В глубине можно было видеть рваные фусума. Эцуко не решалась подойти ближе, чтобы заглянуть вовнутрь. Ее внимание привлек тонкий аромат, струящийся в лучах заходящего солнца, — это был запах щенка, растянувшегося во сне на солнцепеке. Несколько мгновений она рассматривала потертые и засаленные места, источавшие запах его кожи. Она брезгливо прикоснулась пальцем к одеялу — словно это было какое-то животное. Ткань, вздувшаяся от нагретого воздуха, податливо приняла ее прикосновение. Эцуко отпрянула. Она медленно спустилась по каменным ступеням, под тенью дубов, в сторону поля...

* * *

Наконец Эцуко вновь погрузилась в сон — желанный и сладостный.

ГЛАВА ТРЕТЬЯ

Опустело гнездо ласточек. Кажется, еще вчера они кружили около него.

Комната Кэнсукэ и его жены, расположенная на втором этаже, выходила окнами на восток и юг. Летом они любовались из восточного окна семейством ласточек, устроившим гнездо под навесом входной двери.

Эцуко зашла к ним, чтобы вернуть книгу.

— Что, ласточки уже улетели? — спросила она, глядя в окно.

— Ага. Раз ты здесь, посмотри — там вдали Осакский замок! Летом его почти все время скрывает туман, — сказал Кэнсукэ, лежа в постели с книгой. Он отложил ее в сторону обложкой вверх, затем широко отворил южное окно и пальцем указал на линию горизонта в юго-восточной стороне.

Когда смотришь отсюда на замок, то теряешься в догадках — возведен ли он на земле или парит в воздухе? Он словно бы не касается земли, плывет... В ясную погоду, когда воздух прозрачен, чудится, будто дух замка покидает каменное тело, приподнимается на цыпочки, чтобы оглядеться на все четыре стороны света: не видно ли чего-нибудь вдалеке? Эцуко казалось, что главная башня Осакского замка своими призрачными очертаниями напоминает остров.

«Там, наверное, никто не живет, — думала она. — Возможно, что настанет время, когда в пыльных комнатах этого замка поселится гость».

Мысль о том, что в замке никто не живет, нравилась ей. Ведь отправить туда кого-нибудь, даже мысленно, было бы слишком жестоко, а Эцуко так хотелось, чтобы все были счастливы.

— О чем ты задумалась, Эцуко-сан? О Рёсукэ? Или... — спросил Кэнсукэ, присаживаясь на подоконник.

Его голос чем-то напоминал голос Рёсукэ, хотя они не были похожи. Ее так потрясло это сходство, что она неожиданно для самой себя сказала:

— Я сейчас думаю о замке — не живет ли кто в нем? — и сжала губы, чтобы не усмехнуться. Это спровоцировало Кэнсукэ на ироничное, с его точки зрения, замечание:

— Ага, все-таки Эцуко-сан еще любит людей, не так ли? Люди, люди, люди... Стало быть, ты вполне нормальная. А вот я — нет! Мне далеко до тебя. Тебе нужно относиться к себе чуть бережней. Мне так кажется.

По лестнице поднималась Тиэко, держа в руках поднос, покрытый посудным полотенцем. Она ходила мыть тарелки и чайные чашки после позднего завтрака. Она придерживала какую-то коробочку и, не успев поставить, уронила ее на колени Кэнсукэ.

— Вот, еле-еле донесла!

— А-а, долгожданная микстурка!

Он развернул упаковку. Это была баночка с надписью: «Химроудс паудэр» — американское лекарство против астмы, присланное его другом, который работал управляющим торговой фирмы в

Осаке. Еще вчера Кэнсукэ жаловался на друга, что тот все не шлет лекарство. Казалось, оно уже никогда не придет. Эцуко хотела уйти, воспользовавшись моментом, но к ней обратилась Тиэко:

— Я пришла, а ты, значит, уходишь? Удивляюсь я тебе.

«Мне вовсе не интересно, о чем вы будете здесь рассуждать в моем присутствии», — подумала Эцуко.

Кэнсукэ и его жена, как всякие скучные люди, вовсю пытались заботиться о других — по своим правилам. Любовь к сплетням и бесцеремонность — два отличительных свойства деревенских жителей — были очень свойственны этой парочке. В зависимости от обстоятельств они виртуозно преображались то в благодушных доброжелателей, то в строгих критиков.

— Ну не раздражай меня, Тиэко! — морщился Кэнсукэ. — Я только что дал Эцуко хороший совет — вот она и ушла.

— Не надо оправдывать ее. У меня тоже есть парочка советов. Я хотела сказать ей, что я на ее стороне. Впрочем, мне кажется, я чем-то раздражаю Эцуко. Да, скорей всего, так оно и есть.

— Ну давай же, иди следом. Скажи ей об этом!

Словно спектакли из жизни молодоженов, эти нежные перебранки, устраиваемые от скуки Кэнсукэ и его женой в деревенской глуши и в отсутствие зрителей, были ежедневными и ежевечерними. Привыкнув к своим ролям, они неутомимо разыгрывали одно и то же — при этом у них никогда не возникало сомнения в своем амплуа. Они продолжали бы разыгрывать сцены из пьесы под названием «Влюбленные голубки» и в восьмидесятилетнем возрасте.

Эцуко молча повернулась к ним спиной и пошла к лестнице.

— Уже уходишь?

— Нужно выгулять Магги. Когда вернусь, загляну к вам еще раз.

— Ну и выдержка у тебя! — сказала Тиэко.

* * *

Было утро. В деревне никто не работал — обычное межсезонье. Якити отправился проверить грушевый сад, Асако вместе с Нобуко (в День осеннего равноденствия школьники не учились) пошли на деревенский распределительный пункт за детским питанием, взяв с собой и Нацуо. Миё бесшумно сновала из комнаты в комнату, занимаясь уборкой. Эцуко отвязала от дерева, что росло перед входом на кухню, цепь, на которой металась Магги.

«Куда бы податься? Пойти по дороге, что ведет в Мино, и, сделав большой круг, прогуляться до соседней деревни?» — размышляла Эцуко. Якити рассказывал, что году в тридцать пятом как-то ему пришлось идти одному по этой дороге. На протяжении всего пути, пока он не вышел на шоссе, его преследовала лиса. Однако дорога заняла у него уйму времени — целых два часа! «Или до кладбища?.. Это слишком близко».

Магги продолжала метаться, дергая цепь, пока Эцуко не отпустила ее. Они вошли в каштановую рощу, наполненную звоном осенних цикад. Земля была усыпана солнечными бликами, из-под опавшей листвы торчали грибы сибатакэ. Здесь разрешалось собирать грибы только Эцуко и Якити. Порой он давал подзатыльник Нобуко, которая срывала для своих игр какой-нибудь грибок.

Каждый день межсезонья, наполненный вынужденным бездельем, наваливался на нее непомерной тяжестью, словно на больного, который, не зная причины заболевания, по предписанию врача должен проводить время в постели и набираться сил. Бессонница стала хронической. Чем могла она заполнить свою жизнь? Если жить, не думая о будущем, каждый монотонный день грозил превратиться в вечность. Если погрузиться в прошлое, то ее жизнь вновь наполнится страданиями. Над пейзажами, над межсезоньем проплывали мерцающие пустоты. Все это было похоже на чувства выпускника, навсегда лишенного каникул. Впрочем, будучи школьницей, Эцуко не любила летних каникул — ей было тягостно оставаться наедине с собой. Она должна была сама гулять, сама открывать двери, сама наслаждаться солнцем. В школьные годы она никогда сама не надевала ни носков, ни платья. Теперь приходилось распоряжаться свободой по своему усмотрению, в свое удовольствие... Превратить городского жителя в раба праздности — что может быть крепче петли деревенского межсезонья?

При этом что-то не отпускало Эцуко. Жажда — она преследовала ее, как чувство долга. Это была жажда пьяницы: чтобы подавить рвоту, он требует подать стакан воды, но боится сделать глоток, чтоб его не стошнило.

Мягкий ветерок, едва шевеливший листья каштанов и напоминающий этим вкрадчивые манеры соблазнителя, усиливал это ощущение.

Со стороны дома арендатора доносились удары топора — рубили дрова. Через месяц или два начнется обжиг древесного угля. На окраине рощи была зарыта небольшая печь, в которой Окура каждый год заготавливал для Сугимото топливо.

Магги таскала хозяйку по всей роще, и волей-неволей Эцуко оживилась: походка, томная, как у беременной, обрела легкость. Чтобы не зацепиться подолом кимоно за пеньки, она бегала, приподняв подол.

Собака, увлеченная запахами, все время что-то вынюхивала. Она шумно дышала, ее ребра ходили ходуном. Они набрели на земляной холмик и остановились, приняв его за след крота. Вдруг Эцуко почуяла слабый запах пота и обернулась. Это был Сабуро. Собака прыгнула ему на грудь и принялась лизать щеки. Одной рукой Сабуро придерживал на плече мотыгу, а другой дружески похлопывал собаку по спине, пытаясь успокоить ее. Собака не слушалась. Тогда он сказал:

— Госпожа, возьмите Магги на цепь, пожалуйста!

Эцуко очнулась и пристегнула поводок.

В эти несколько мгновений забытья она завороженно следила за мотыгой, подпрыгивающей на левом плече Сабуро, пока тот старался угомонить собаку. По лезвию мотыги, измазанному присохшей землей, бегали матово-голубые отблески лучей, просочившихся сквозь листву. «Осторожно! Еще саданешь меня этим острием!» — подумала Эцуко. Отчетливо осознав грозящую ей опасность, она, к своему удивлению, ничуть не испугалась.

— На какое поле ходил? — спросила Эцуко.

Они стояли друг против друга. Если придется возвращаться вместе, Тиэко сможет увидеть их из окна своей комнаты. Поверни она обратно, и Сабуро ничего не останется, как пойти рядом. Быстро прикинув в уме это обстоятельство, Эцуко решила во время разговора не сходить с места.

— На баклажанное поле. Я хотел сначала собрать баклажаны, а потом обработать землю.

— Не лучше было бы сделать это следующей весной?

— Да, конечно, но сейчас у меня есть свободное время.

— Видимо, ты не можешь обойтись без работы ни дня.

— Да.

Эцуко пристально посмотрела на Сабуро, на его тонкую загорелую шею. Ей нравилось его трудолюбие. Он гордился, что работает не покладая рук, что не может расстаться со своей мотыгой. Кроме того, ей нравилось, что у нее и у этого юноши есть что-то общее — их обоих тяготит межсезонье. Эцуко случайно бросила взгляд вниз — он был обут на босу ногу в рваные спортивные ботинки.

«Интересно, что бы они подумали, эти люди, что злословят обо мне, если бы узнали, сколько переживала я по поводу этих носков? Деревенские шепчутся обо мне, наговаривают, что я распущенная женщина. Только вот сами они спокойно совершают поступки, которые гораздо непригляднее моих! А почему мне не позволено? Я ничего не прошу. Я только хотела, чтобы однажды утром, пока закрыты мои глаза, изменился бы весь мир. Вот-вот должно наступить это время — однажды утром, ясным *утром.* Это утро придет просто так, никто о нем не помолится, оно никому не будет принадлежать. Я мечтаю о мгновении, когда мои поступки обнажат ту часть моей натуры, которая ни о чем не просит. Это будут мелкие, незначительные, незаметные подвиги... Да, именно так. Прошлой ночью я почувствовала, что одна только мысль о том, что я подарю Сабуро две пары носков, утешает меня... Сейчас все по-другому. Если я подарю ему носки, то что же будет дальше? Он улыбнется, смутится и скажет: „Спасибо!“ Затем повернется ко мне спиной и уйдет как ни в чем не бывало. Я очень живо представила себе эту сцену — мне было жалко себя. Никому не дано узнать, сколько беспокойных месяцев я провела в мучительных раздумьях: что делать? как поступить? С конца апреля, когда проходил весенний фестиваль Тэнри, затем прошел май, июнь в затяжных дождях; июль, август — все невыносимо душное лето; сентябрь. Я хотела бы вновь пережить это непереносимое чувство, когда сообщили о смерти моего мужа. Вот это было счастье!»

И тут же Эцуко мысленно перебила сама себя: «И все-таки я счастлива. Кто скажет, что нет?»

Она медленно и значительно вынула из рукава две пары носков и протянула их юноше:

— Вот, возьми это! Я вчера купила их для тебя в Ханкю.

Сабуро подозрительно взглянул в глаза Эцуко. Возможно, ей это только показалось. Кроме удивления, в его взгляде не было ничего. Тут нет и тени сомнения. Он просто не понимал, почему эта женщина, которая всегда холодна к нему и к тому же старше по возрасту, ни с того ни с сего дарит ему какие-то носки. Вдруг он догадался, что его молчание невежливо. Он улыбнулся, вытер грязные руки сзади о штаны и взял носки.

— Большое спасибо! — сказал он и поклонился.

— Никому не говори, что получил их от меня! — сказала Эцуко.

— Слушаюсь! — ответил он, равнодушно сунул носки в карман штанов и удалился.

Вот и все, что произошло.

Со вчерашнего вечера Эцуко надеялась, что этот поступок как-то изменит ее жизнь. Неужели только этим все и кончится? Нет, конечно! Ведь это ничтожное событие тщательно планировалось, тщательно обдумывалось — целая церемония. Она ожидала, что именно с этого пустяка должно начаться в ней хоть какое-то преображение... Проплывет облако, потемнеет лик долины — и ландшафт обретает иной смысл. Так и в человеческой жизни бывают моменты, когда начинает казаться, что они вот-вот станут причиной перемен. Стоит только иначе взглянуть на вещи, и жизнь потечет в ином направлении. Эцуко была достаточно высокомерна, чтобы снизойти до веры в возможность перемен, которые происходят сами по себе. Никакая перемена не приведет к обновлению, пока человек не посмотрит на вещи взглядом дикого кабана... К этому Эцуко не была готова. Поскольку мы наделены человеческими глазами, то, с какой бы стороны мы ни смотрели на вещи, решение всегда будет одно и то же...

* * *

Этот день завершился непредвиденными хлопотами. Это был странный день. Эцуко прошла через каштановую рощу и вышла на речную дамбу, поросшую густой травой. Она оказалась у деревянного моста, который вел к землям Сугимото.

Противоположный берег скрывался в зарослях бамбука. Эта речка встречалась с ручейком, который протекал вдоль Сада душ — Хаттори, и, сливаясь с ним в единый поток, резко меняла направление, убегая на северо-запад, где простирались рисовые поля.

Магги выскочила на берег и, глядя на течение сверху, залаяла. Там по колено в воде стояла деревенская ребятня. Они ловили сетью серебряных карасей. Собака лаяла в ответ на улюлюканье детей, которые выкрикивали наперебой грязные слова в адрес молодой вдовы, — они слышали их от родителей, злословивших за глаза. Дети не видели Эцуко, но предполагали, что она удерживает собаку на поводке. Когда фигурка Эцуко появилась на дамбе, они, размахивая корзиной для рыбы, взлетели на противоположный берег и бросились врассыпную в пронизанные солнечным светом бамбуковые заросли. Нижние листья бамбука покачивались в глубине прозрачной чащи, словно намекая, что там кто-то притаился.

Через некоторое время послышался велосипедный звонок. На мосту появился почтальон с велосипедом. Ему было лет сорок пять или больше. Среди жителей деревни у него была репутация попрошайки.

Эцуко подошла к мосту и приняла от него телеграмму.

— Если у вас нет именной печати, то поставьте, пожалуйста, свою подпись, — сказал почтальон.

Слово «подпись» он произнес на английский манер — «сайну». Даже в провинции это слово вошло в обиход. Эцуко вынула тоненькую шариковую ручку. Почтальон смотрел на нее, не отрывая глаз.

— Что за ручка у вас?
— Шариковая. Дешевая.
— Чудна́я какая! Можно взглянуть?

Эцуко проявила щедрость — подарила ему шариковую ручку. Теперь, кажется, до конца своих дней он станет любоваться этой безделицей. Она поднялась по каменным ступеням, держа в руках адресованную Якити телеграмму. Эцуко улыбалась. Сколько трудностей претерпела она, прежде чем решилась подарить Сабуро две пары носков, а тут с такой легкостью отдала ручку этому почтальону-попрошайке! «Так и должно быть! Если бы не любовь, то люди ладили бы друг с другом. Если бы не любовь...»

В свое время Сугимото продали телефон и пианино «Бехштейн» и вместо телефона пользовались телеграфом. Если телеграмма приходила в полночь, то в семье никогда этому не удивлялись, потому что по всем неотложным делам в Осаке с ними сообщались по телеграфу.

Прочитав известие, Якити онемел от радости. Это было послание от Кэйсаку Мияхары, министра. Раньше он занимал пост президента судовой компании «Кансай», был младшим преемником Якити, но после войны занялся политикой. Он сообщал, что по дороге на Кюсю, куда он отправляется с предвыборной кампанией, у него будет полдня свободного времени, поэтому хотел бы остановиться минут на тридцать-сорок, чтобы повидаться с Якити. Удивляло то, что визит намечался на сегодня.

Изредка в комнате Якити принимались посетители — сотрудники сельхозкооператива. Вот и теперь в комнату вошел неряшливо одетый мужчина — по вопросу налогов и государственных поставок зерна. Он был в джемпере, висевшем на нем, словно домашнее кимоно на вате, и это несмотря на полуденную жару. Группа молодых людей жаловалась на правление кооператива, большинство членов которого якобы погрязло в коррупции. Они требовали проведения новых выборов нынешним летом. Обязанности этого мужчины, недавно выбранного в правление, сводились к тому, чтобы почтительно выслушивать старых землевладельцев. Он полностью полагался на их житейскую мудрость. Провинция находилась в сфере влияния консервативной партии, политика которой, казалось ему, соответствует духу времени.

Он видел, как Якити, читая телеграмму, не мог сдержать радость. Правленца распирало любопытство. Якити колебался: он не хотел сразу расставаться с тайной радостью, которая пришла ему в руки прямо на глазах посетителя. Однако он был не в силах удержаться — для пожилого человека очень вредно сдерживать свои эмоции.

— Эта телеграмма от министра, господина Мияхары. Он сообщает, что заедет к нам в гости, чтобы немного отдохнуть с дороги. Это неофициальный визит, поэтому прошу вас ничего не говорить односельчанам. Было бы неловко беспокоить его в это время. Я учился с Мияхарой-куном в одной школе. Он был, кажется, на год младше меня. Потом он поступил в судовую компанию «Кансай» — через два года после моего ухода на пенсию.

* * *

Мебель в гостиной комнате, давно забывшая, когда к ней прикасалась человеческая рука, своим унылым видом напоминала утомленную долгим ожиданием женщину. Покрытая белыми чехлами, она наводила на мысль о необратимости течения времени. Однако именно в этой комнате Эцуко отдыхала душой. В ее обязанности входило открывать окна в девять часов утра в те дни, когда погода была ясной. Окна выходили на восток и сразу впускали в комнату лучи утреннего солнца, но сейчас они лишь слабо освещали бронзовый бюст Якити, блекло отражаясь на его щеках. Однажды утром, вскоре после приезда в Майдэн, Эцуко открыла окно нараспашку. Шумно хлопая крыльями, наружу выпорхнула стайка бабочек. Эцуко была ошеломлена. Бабочки, очевидно, притаились внутри вазы с горчичными цветами и ждали момента, чтобы упорхнуть в окно.

Эцуко взяла в помощь Миё. Вдвоем они тщательно убирали комнаты, пуская в ход тряпку и щетку. Особенно тщательно был протерт от пыли стеклянный ящик, внутри которого находилось чучело райской птицы. Однако запах плесени, пропитавший мебель и деревянные стены, устранить было невозможно.

— Кажется, нам не вытравить этот запах! — сказала Эцуко, протирая полотенцем бюст.

Миё ничего не сказала в ответ. Ни один мускул не дрогнул на лице этой деревенской девушки. Стоя на стуле, она протирала деревянную раму картины с каллиграфией.

— Какой ужасный запах! — вновь произнесла Эцуко, разговаривая сама с собой. И тут Миё повернулась к ней лицом.

— Да, и в самом деле ужасный! — сказала она.

Эцуко рассердилась. Она размышляла о том, почему одинаково по-деревенски бесчувственные

Сабуро и Миё вызывают в ней противоположные эмоции: если Сабуро утешает ей сердце, то Миё, наоборот, раздражает. Причина была в том, что у Сабуро с Миё было больше сходства, чем с ней. Именно это обстоятельство и раздражало Эцуко.

Она села на стул, который, вероятно, сегодня вечером будет великодушно предложен министру. Едва Эцуко устроилась на нем, как лицо ее приобрело снисходительное выражение, оттененное состраданием, приличествующим государственному мужу, и как бы его великодушным взором Эцуко окинула комнату старинного друга, забытого всем миром. Министр, день которого расписан по минутам и по секундам, словно они были распроданы на валютной бирже, казалось, торжественно одаривает хозяина своим визитом — единственным подарком, которым он располагал.

— Оставьте! Не надо готовиться! Пусть останется как есть! — все повторял и повторял сияющий Якити. Визит высокопоставленного чиновника неожиданно вернул его к жизни.

— А что же вы не возвращаетесь к делам? Ведь уже прошло время этих послевоенных выскочек — они не смыслили в бизнесе. Теперь в правительство и в бизнес возвращаются профессионалы и богатое опытом старшее поколение.

Якити, услышав такие речи, расцвел, а его скептическая усмешка — постоянная маска самоуничижения — превратилась в ясную улыбку.

— Да кому нужна такая старая развалина? Я уже никуда не годен. Я еще могу изображать из себя крестьянина. Старым людям вроде меня, говорят, не стоит испытывать себя под холодным душем. Все, на что я способен, так это заниматься выращиванием декоративных деревьев. Однако мне не о чем сожалеть. Я вполне доволен собой. Я не знаю, следует ли говорить тебе это откровенно, но в наше время — я уверен — нет ничего более опасного, чем стоять на пути эпохи. Кто знает, как еще повернется мир, построенный на одних иллюзиях? Если мир есть иллюзия, то иллюзией будет всякая конъюнктура и депрессия, война и перемирие. В этом иллюзорном мире живут и умирают люди. Да, люди умирают, но это естественно. Такова природа. Однако в таком иллюзорном мире разве найдется что-нибудь, ради чего стоило бы рисковать жизнью?

Рисковать жизнью ради иллюзий — не глупость ли это? А такие люди, как я, не могут работать без того, чтобы не выкладываться до конца. Нет, я не один такой! Коль скоро ты приступаешь к работе, то, не отдаваясь делу полностью, тебе ничего не сделать по-настоящему. Я так думаю. Те, кто старается быть активным в наши дни, просто не имеют такого дела, ради которого можно было бы пожертвовать своей жизнью. Это люди с отравленной душой. Вот так. Пусть уж я, старый болван... Да и лет впереди у меня не так уж много... Не сердись на меня, это просто бравада. Я — старая развалина. Ополоски. Осадок на дне чашки после неочищенного саке. Вторично из меня ничего не выжать. Было бы жестоко...

В обходительности Якити чувствовался запашок льстивости, словно министру предлагали взятку, под которой подразумевалась не выгода, не слава, а то, что называется «уединение и покой». Какая корысть была от этой взятки? Иначе говоря, затворничеству Якити даровалась высокая общественная оценка, чтобы откупиться от острых коготков, скрытых под опереньем на лапах старого ястреба, негодующего на весь белый свет.

Утром пить росы из бутонов магнолий.
Вечером лакомиться опавшими лепестками
белой хризантемы.

Это были строки из классика китайской поэзии Ли Сао, любимые строки Якити, которые он собственноручно написал и поместил в рамку. Теперь это художество висит на стене в гостиной. Для человека низкого происхождения это значительное достижение. Чтобы развить вкус к такому хобби, достаточно иметь врожденную эксцентричность, однако увлечение Якити каллиграфией не получило развития — утонченность редко увлекает людей из богатых семейств.

* * *

После обеда семья Сугимото была завалена работой. Якити все время приговаривал, что в помпезном приеме нет никакой необходимости. Однако было понятно, что если к его словам не прислушаться и чего-то не сделать, то у него испортится настроение. Только Кэнсукэ тихонько сидел на втором этаже в одиночестве, уклоняясь от принудительных работ. На случай если гости захотят вечером перекусить, Эцуко и Тиэко приготовили охаги — рисовые колобки, их лепят на День осеннего равноденствия. Готовые колобки положили в коробочку, не забыв ни о секретаре, ни о шофере. Чтобы умертвить петуха, пригласили госпожу Окура. На ней было легкое платье из аляповатой ткани в красных узорах. Когда она отправилась в курятник, двое детей Асако бросились вслед за ней, чтобы посмотреть, что там будет.

— Вернитесь. Сколько раз я говорила вам, что детям нельзя на это смотреть! — раздался из дома голос Асако.

Она не была хорошей хозяйкой, но этот недостаток с лихвой восполняла талантом воспитания детей в традициях мелкой буржуазии. Асако всегда сердилась, когда Нобуко приносила домой дешевые книги комиксов, взятые у дочери госпожи Окура. Взамен отобранных комиксов она давала дочери английскую книжку с иллюстрациями и пояснениями. В отместку Нобуко закрашивала лица принцев и принцесс зеленой краской.

Эцуко вынула из шкафа лакированные чашечки в стиле сюнкэй и поставила их на обеденный стол. Ожидая предсмертных криков петуха, она принялась протирать чашечки. Она протерла обеденный стол, покрывшийся испариной от ее дыхания. Янтарное лакированное покрытие прояснилось от дымки. На поверхности чашечки отразилось лицо Эцуко. Ее руки машинально двигались, а сама она в это время думала о злосчастном петухе.

Курятник примыкал к задним дверям кухни. На кривых, словно колеса, ногах вкатывается госпожа Окура. После полудня солнце освещало курятник лишь наполовину, из-за этого в дальних его уголках совсем темно. В глубине едва виднелись слабые очертания мотыг и лопат. Две или три оконные рамы, уже слегка подгнившие, были прислонены к стене. Рядом стояла плетеная корзина для перевозки земли, распылитель сульфата магния для уничтожения вредителей. Женщина присела на низкий колченогий табурет и крепко зажала между толстыми коленями петуха. Тут она вдруг заметила двоих детей — те наблюдали за происходящим и предвкушали интересное зрелище.

— Нельзя, нельзя сюда заходить! Ваша мама будет ругаться. Уходите! Это не для детских глаз.

Петух закричал. Куры, шнырявшие за пределами курятника, услышали крик сородича и тоже взволнованно закудахтали. Нобуко держала за руку маленького Нацуо. Они загораживали собой свет, их фигурки скрывались в тени — только глаза мерцали. Затаив дыхание, они завороженно следили за тем, как госпожа Окура, навалившись всей тяжестью на петуха, который пытался вырваться, изо всех сил схватила птицу обеими руками за шею.

Вскоре Эцуко услышала панический вопль петуха — нервный, безысходный, на последнем издыхании...

* * *

Гость не приезжал. Якити притворялся, что нисколько не утомлен ожиданием. Он старался скрыть беспокойство. Настало четыре часа пополудни. Клены отбрасывали глубокие тени. Якити нервничал — курил сигары одну за другой, что на него было совсем не похоже; потом как ужаленный помчался на поле, чтобы посмотреть — не направляется ли к дому Сугимото чиновничий лимузин. Эцуко вышла к воротам кладбища, где заканчивается шоссе. Она облокотилась на деревянные перила моста, посмотрела вдаль: дорога, делая плавный поворот, убегала за горизонт. С того места, где обрывалось асфальтовое покрытие автомобильной трассы, открывался прекрасный вид — колосились богатые рисовые поля, готовые к уборке урожая; за ними вырастали ровные ряды кукурузных стеблей; в мелких болотцах отражалась роща; стремительно пересекала пейзаж железнодорожная линия Ханкю; плутали проселочные дороги; змеились ручейки, — когда Эцуко все это охватила взглядом, у нее закружилась голова. Ей померещилось, что из-за поворота выехал лимузин, который вскоре должен остановиться около нее. Это была не просто фантазия — Эцуко ощущала себя накануне чуда! Если верить детям, то после обеда две или три машины приостанавливались у моста. Однако никто еще не подъехал.

«Ах да! Сегодня же День равноденствия! Чем мы были заняты сегодня? Все утро лепили охаги, затем укладывали их в коробочки и закрывали в шкаф, чтобы дети не съели. Мы были так заняты, что никто из нас не вспомнил об этом. Один раз я ходила на поклон к алтарю Будды. Как обычно, поставила ароматические свечи. Целый день провели в ожидании гостей, в беспокойстве о живых — а об усопших позабыли!»

Она увидела, как из ворот Сада душ — Хаттори, оживленно разговаривая, выходила семья — обычная супружеская пара средних лет в окружении четверых детей. Среди них была девочка, одетая в школьную форму. Дети непрестанно забегали вперед или убегали назад. Эцуко пригляделась — они гонялись за кузнечиками. Победа присуждалась тому, кто больше всех их наловит, не заходя на лужайку. Над поляной сгущалась тьма. Могильные плиты, расположенные далеко за воротами, в глубине кладбища, которое скрывалось в густых зарослях кустарников и деревьев, тоже погружались во тьму, словно намоченные куски ваты. Только дальний склон холма, отведенный под кладбище, освещался вечерним солнцем — в последних лучах алели надгробия и вечнозеленые кустарники. Издали этот склон напоминал очертания лица, озаряемого тихими лучами.

Эцуко бросила снисходительный взгляд на супружескую пару. Те шли, увлеченно разговаривали на ходу, улыбались и, казалось, совершенно забыли о детях. Романтические измышления Эцуко сводились к однозначным выводам: супруг, очевидно, изменяет жене; жена, естественно, страдает из-за этого. Ага, вот замолчали! Очевидно, по одной из двух причин — или они ненавидят друг друга, или кому-то один из них надоел до смерти. Однако этот господин в стильном полосатом пальто и широких брюках, его супруга в фиолетовом костюме и с сумочкой в руках, откуда выглядывал термос, никакого отношения к романтическому вымыслу Эцуко не имели. Скорее всего, они принадлежали к тому типу людей, которые забывают о романтических разговорах, не успев подняться из-за стола.

Когда супружеская пара подошла к мосту, женщина позвала детей. Она с тревогой оглядела дорогу — их нигде не было. В конце концов господин подошел к Эцуко и очень вежливо спросил:

— Извините, мадам, не подскажете ли дорогу к станции Окамати, линия Ханкю? Где нужно повернуть?

Пока Эцуко поясняла, как пройти через рисовые поля и поселок, супруги с удивлением следили за правильным токийским произношением, характерным для района Яматэ. Подошли дети, все четверо, и уставились на Эцуко снизу вверх. Мальчик лет семи протянул к ней кулачок и слегка разжал пальцы.

— Смотри! — сказал он.

Оттуда, пригибаясь на лапках, выкарабкивался ярко-зеленый кузнечик. В этот момент старшая девочка исподтишка ударила снизу по руке брата. От неожиданности ребенок разжал пальцы. Кузнечик выпрыгнул. Он приземлился, сделал один прыжок, затем второй, третий — и исчез в придорожных травах.

Дети сцепились, началась потасовка. Родители разняли их, молча поклонились Эцуко, и все семейство спокойным шагом удалилось по меже, заросшей густой травой.

Вдруг Эцуко почудилось, что долгожданный лимузин остановился на обочине дороги. Она обернулась, посмотрела кругом, но на шоссе не было ни единой машины. На дорогу наползала тень, сгущались сумерки.

* * *

Было пора укладываться спать, а гости так и не появились. Атмосфера в доме угнетала: все домочадцы, подражая молчаливому и раздражительному Якити, делали вид, что не теряют надежды на приезд гостей.

Ничто так не объединяло семью в этот вечер, как совместное ожидание. Казалось, все забыли о празднике. Якити тоже не произнес ни одного слова о Дне осеннего равноденствия. Он ждал. Все ждал и ждал. Приступы отчаяния сменялись уверенностью — точно так же в недавнем прошлом, забыв обо всем на свете, Эцуко ожидала возвращения мужа.

— Еще приедут. Конечно же приедут!

Казалось, что после этих слов уже наверняка никто не приедет. Даже Эцуко, которая хорошо понимала характер Якити, не предполагала, что за ожиданиями, переполнявшими его целый день, скрывается надежда на блестящую карьеру. Однако нас глубоко ранит не предательство того, на кого мы полагаемся, а скорее предательство того, кого мы презираем всей душой. Это было похоже на удар кинжалом в спину.

Якити жалел, что показал телеграмму работнику профсоюза. Теперь ему точно пришпилят ярлык никому не нужного старика. Сотрудник из вежливости помогал по пустякам. Он желал хоть одним глазом взглянуть на живого министра, поэтому настоял на том, чтобы остаться в доме Сугимото до восьми часов вечера. Так он стал свидетелем всего происходящего: нетерпения Якити, колких замечаний Кэнсукэ, участия всей семьи в подготовке к радушному приему высоких гостей, приближения ночи, сомнения, утраты надежды. События, происшедшие в этот день, преподали Эцуко еще один урок: никогда ни на что не надеяться. В то же время она испытала странный прилив влюбленности в Якити. Она видела, как отчаянно он пытается противостоять страданию, вызванному ложными надеждами. С тех пор как она приехала в Майдэн, это чувство возникло у нее впервые. Вероятно, телеграмма была отбита ради забавы. Это мог быть кто-нибудь из многочисленных друзей Якити в Осаке — после банкета, в полупьяном задоре.

Исподволь Эцуко старалась быть ласковой с Якити. Чтобы ее участие не бросалось в глаза, она проявляла заботу о нем по-родственному, по-семейному. Эцуко остерегалась вызвать в нем ответную симпатию.

После десяти часов вечера Якити окончательно упал духом. Он вспомнил Рёсукэ. Впервые в жизни на него стало наползать унизительное чувство страха.

Его никогда не посещала мысль о греховности, а теперь она саднила где-то в уголке сердца. Эта мысль не отступала от него, наваливалась, угнетала, вызывая на языке горьковато-сладкий привкус. Ему казалось, что эта мысль обольщает его сердце, склоняет к какому-то поступку. Близкое присутствие Эцуко как бы подтверждало его смутные ощущения: в этот вечер она была необыкновенно красивой.

— В хлопотах и заботах провели еще один День равноденствия. Давай поедем вместе в Токио — на кладбище, на годовщину? — сказал Якити.

— Вы хотите взять меня с собой? — переспросила Эцуко, скрывая радость. Помолчав, она добавила: — Отец, не надо беспокоиться о Рёсукэ. Если бы он был сейчас жив, то все равно не был бы моим.

* * *

Следующие два дня выдались дождливыми. Солнце вышло на третий день, двадцать шестого сентября. С утра все были заняты стиркой. Эцуко вывешивала штопаные носки Якити. Если бы она купила ему новые носки, то он, вероятно, не был бы обрадован такому подарку. Вдруг ее осенило: «А что, если Сабуро тоже вздумается простирнуть свои носки?» Сегодня утром она видела его по-прежнему без носков, в разбитых спортивных ботинках на босу ногу. Приветствуя госпожу, он старался улыбнуться как можно любезней. Его грязная лодыжка со следами свежих порезов травой выглядывала из старой обуви.

«Наверное, он приберег носки на случай, если сподобится куда-нибудь пойти. Хоть они не дороги вовсе, а бережет! Склад ума как у подростка — парень-то деревенский...»

Бельевая веревка была привязана к толстым дубовым веткам — дубы росли прямо перед кухней. Каждый сантиметр пеньковой веревки был занят. Западный ветер, пронизывая рощу каштанов, развевал сырое белье, хлопая им над головой Магги. Посаженная на цепь, Магги несколько раз срывалась с насиженного места, замирала и порывисто лаяла — словно ее настигали воспоминания.

Эцуко ходила вдоль веревок, проверяя на ощупь белье — не высохло ли? Вдруг сильный порыв ветра со всего размаха залепил ей лицо мокрым белым фартуком. Получив звонкую пощечину, Эцуко залилась краской.

Куда подевался Сабуро?

Она закрыла глаза и вспомнила: грязные голые лодыжки, свежие царапины... Его дурные привычки, едва заметная улыбка, бедность, заношенная одежда — все это вызвало в ней умиление.

Какая притягательная бедность! Эцуко нравилось в нем именно это. Его бедность для Эцуко была тем же, чем женская стыдливость для мужчин.

«Может быть, он сидит в своей комнате и зачитывается самурайскими повестями?»

Эцуко прошла через кухню, вытерла мокрые руки о подол передника. У задних дверей кухни стоял мусорный ящик. Это был железный бак, куда Миё всегда выбрасывала остатки пищи и порченые овощи. Когда бак наполнялся, она вываливала содержимое в яму размером в два татами — там вызревал компост.

Выходя из кухни, Эцуко случайно взглянула на мусорный бак и остановилась — из-под пожелтевшей зелени и рыбных костей торчала новенькая тряпица. Она узнала этот темно-синий цвет. Эцуко брезгливо поддела пальцем вещицу, пока никто не видел, и вытащила наружу. Это был носок. Под темно-синим носком показалась пара коричневых. Судя по внешнему виду, их даже не примерили — по-прежнему висела прикрепленная проволочкой торговая марка универмага. Несколько мгновений она бессмысленно стояла наедине со своей находкой, пока носки не выпали из ее рук на кучу отходов. Минуты две или три она была в замешательстве, потом быстро огляделась по сторонам и, словно женщина, зарывающая свой выкидыш, торопливо засунула две пары носков под желтую ботву овощей и рыбных костей. Тщательно вымыла руки. Она раздумывала, пока мыла руки, и продолжала раздумывать, когда вытирала их о передник. Не так-то просто было привести мысли в порядок. Как только Эцуко пришла в себя, первое, что она почувствовала, — это необъяснимую тошнотворную ярость. Когда Эцуко появилась перед окном спальни Сабуро, он переодевался в рабочую одежду. Увидев госпожу, Сабуро поспешно застегнул пуговицы на сорочке, почтительно поклонился. Пуговицы на рукавах еще не были застегнуты. Он вопросительно взглянул на Эцуко. Она молчала. Он застегнул пуговицы на рукавах.

Эцуко продолжала молчать. Сабуро был поражен каменным выражением ее лица.

— Что случилось с твоими носками, что я подарила тебе на днях?

С виду Эцуко была ласковой, однако в ее нежном голосе даже посторонний человек различил бы грозную ноту. Гнев зарождался где-то глубоко в сердце. Причина гнева была необъяснима. Она распаляла себя всякими домыслами — иначе сам вопрос был бы невозможен.

В черных щенячьих глазах Сабуро было смятение. Он снова стал расстегивать только что застегнутый левый рукав.

— В чем дело? Почему не отвечаешь?

Эцуко облокотилась на подоконник. Она пристально, с вызовом смотрела на Сабуро. Гнев ее разгорался. Она испытывала прилив наслаждения. О, какое это было наслаждение! Прежде она и представить не могла, что такое возможно. В ней разгоралось торжествующее чувство, она жадно всматривалась в грациозную загорелую шею, склоненную перед ней, в свежий порез бритвой на подбородке... Эцуко не замечала, как ее слова, ее голос все больше и больше переполнялся ласковой интонацией.

— Ну да ладно уж! Не робей. Просто я увидела их в мусорном баке... Это ты выбросил?

— Да, я, — ответил Сабуро без колебания.

«Кто-то за всем этим стоит, иначе он выдал бы себя голосом».

За спиной Эцуко раздались всхлипы. Это была Миё. Она плакала, прикрывая лицо старым, мышиного цвета, саржевым фартуком, непомерно большим для ее роста.

— Это я выбросила! Это я выбросила!

— Что ты такое говоришь? И чего ты плачешь?

При этих словах Эцуко бросила мимолетный взгляд на Сабуро. В его глазах вспыхнуло беспокойство, он хотел что-то сказать Миё. Грубо сорвав с лица Миё фартук, Эцуко опередила его. Под фартуком скрывалась перепуганная, раскрасневшаяся физиономия. Деревенская простушка. Заплаканное лицо выглядело уродливо. Или близко к этому. Ее щеки распухли от обиды, лиловели, словно переспелая хурма, вот-вот готовая лопнуть; бессмысленные зрачки расширены; нос сплющен; тонкие реденькие бровки... Из всего этого набора Эцуко раздражали только губы. Губы Миё были пухленькие, как алая подушечка для иголок, обрамленные пушком, словно персик. Прелестные губы, вздрагивающие от рыданий, поблескивающие от слез. Губы Эцуко были намного тоньше.

— В чем дело? Отвечай! Меня не волнуют выброшенные носки. Мне нужно знать, почему ты выбросила их?

— Да, госпожа!

Миё хотела было ответить, но Сабуро опередил ее, выдав себя находчивостью, обычно ему не свойственной:

— Госпожа, это правда я выкинул. Я подумал, что не заслужил носки, поэтому нарочно выбросил их. Это я сделал, госпожа.

— Не говори глупостей, это не повод!

Миё вообразила, что Эцуко сообщит хозяину о проступке Сабуро и тогда Якити обязательно накажет его. Она не могла позволить Сабуро выгораживать ее, поэтому снова вмешалась в разговор:

— Госпожа, это я их выбросила! Когда вы подарили Сабуро эти носки, он сразу же показал мне ваш подарок. Я сильно засомневалась в том, что он получил эти вещи даром. Тогда Сабуро рассердился и сказал: «Хорошо, возьми эти носки себе!» Он бросил их и ушел. Но я же не могу носить мужские носки, поэтому выбросила.

Миё снова подняла передник, утерла лицо. Вот и причина выяснилась. Какая милая, однако, отговорка: «Женщины не носят мужских носков!»

Эцуко поняла, в чем тут дело. Вялым голосом она сказала:

— Ну ладно! Не плачь! Если Тиэко или другие домашние увидят тебя в таком виде, то я не знаю, что они подумают. Разве мыслимо подымать шум из-за какой-то пары носков? Перестань! Вытри слезы!

Эцуко нарочно не смотрела на Сабуро. Она обняла Миё за плечи и, поглядывая на непричесанную и давно не мытую голову, увела ее:

«Ну что за женщина! Вы видели таких, а? Ну что за женщина?»

В кроне дуба раздался посвист сорокопута — впервые в этом году. Ясное осеннее небо оплетали ветви дубов. Миё заслушалась пением, оступилась, забрызгала подол платья Эцуко. Та вскрикнула и освободила руку. Миё тут же присела на корточки, словно собака, и стала тщательно вытирать подол саржевым передником, которым она сама недавно утирала слезы. И все-таки в этих усердных движениях было больше обиды, чем чего-либо иного.

Вскоре Эцуко увидела Сабуро в злополучных носках. Он невинно улыбнулся и поклонился ей — как ни в чем не бывало.

* * *

И Эцуко обрела смысл жизни.

Со дня того происшествия до десятого октября, когда произошли неприятности на Осеннем фестивале, Эцуко знала, ради чего она живет на свете.

Эцуко никогда не беспокоилась о спасении души, не взывала о помощи к высшим силам. Тем более удивительно, что в ней пробудилось какое-то понимание смысла жизни.

Большинству людей довольно легко думать о том, что их жизнь ничего не стоит. Однако человеку с тонкой душевной организацией трудно согласиться с тем, что отсутствие смысла обесценивает его жизнь. Эцуко была из такой породы. Ее счастье зависело от решения экзистенциальных проблем. Как правило, для ума обывательского смысл жизни заключается в стремлении к счастью. Мы пробираемся сквозь жизнь, ищем на ощупь смысл, но, пока его не обнаружим, продолжаем жить как бог на душу положит. Смысл антиномичен. Когда мы находим его, то и жизнь приобретает двойственный характер. И вот, чтобы достичь единства, мы вкладываем всю мощь страсти, которая составляет сущность жизни. Страсть становится объектом нашего поклонения. Единство иллюзорного и реального составляет суть понятия «смысл жизни», которое действует как закон, не имеющий обратной силы. И вследствие этого мы поворачиваемся к тому, что временно, бренно и ложно.

Но все это не имело к Эцуко никакого отношения. Смысл жизни Эцуко представляла в виде экзотического растения, которое неожиданно вырастает на жизненном пути. Эцуко пришла к заключению, что между иллюзией и воображением существует огромное различие. Воображение она относила к разряду философских категорий, интеллектуальных упражнений, которые чреваты опасными последствиями — вроде авантюрного полета на планере с весьма точным графиком времени и места прибытия. Она обладала талантом манипуляций понятиями — словно нищий, умело вылавливающий пальцами вшей в складках одежды. Чтобы не думать бесцельно и непрерывно о бессмысленности существования, этот талант помогал ей обуздывать воображение.

Что там говорить, сама жизнь подкидывает немало вещественных доказательств, уличающих жизнь в бессмысленности, что, собственно, и оправдывало бездумное существование Эцуко. Эта коллекция улик, призрачных вещей и дел, обозначившая горизонт ее желаний и надежд, пропущенная через плавильный тигель сознания, раздувалась в пустой шар бездумной жизни. Ее воображение выполняло роль судебного исполнителя, который врывается с постановлением о наложении ареста на ее желания. На обратной стороне этой бумаги имелись даже печать и подпись.

Нет ничего, что превышало бы силу страсти. Однако мирские страсти подвержены выветриванию. А повинны в этом желания и надежды.

В этом случае следует сказать об инстинктах Эцуко: они обнаруживают много общего с инстинктами охотника. Стоит ей случайно заметить, что в дальнем кустарнике вздрагивает белый хвостик зайца, как в ней пробуждается коварство, в жилах начинает играть кровь, все тело охватывает странное волнение; мышцы сокращаются, а нервы напрягаются, словно наложенная на тугой лук стрела. В часы досуга, когда Эцуко теряла всякий смысл жизни, исчезало и это сходство — она проводила дни в лености, нежилась вблизи лампы.

Одним людям живется легко, а другим — чрезвычайно трудно. Эта очевидная несправедливость — еще большая, чем расовая дискриминация, — не возмущала Эцуко.

«К жизни нужно относиться легко, — думала она. — В конце концов, людям, которым живется легко, не приходится искать оправдания; однако те, кому жизнь в тягость, очень часто вынуждены искать оправдание такому положению вещей. Говорят, что жизнь обременительна сама по себе. В некотором смысле умение находить трудности в жизни помогает большинству людей относиться к ней с легкостью. Если бы у нас не было этого дара, то наша жизнь — какая бы трудная или легкая она ни была — превратилась бы в полый шар, катящийся по наклонной. Это умение находить трудности спасает нас от примитивного существования. Собственно, нет ничего выдающегося в такого рода даре. Он должен быть предметом первой необходимости. Те, кто подкручивает, так сказать, весы жизни, чтобы обвесить других, наверняка еще получат свою долю наказания в преисподней. Если не вмешиваться в механизм жизни, на весах которого отвешивается справедливая порция тягот, то тяготы эти будут по плечу каждому, словно тяжелые зимние одежды. На ком жизнь висит, сковывая телодвижения, тот, несомненно, больной человек. Иногда мне кажется, что я родилась, выросла и продолжаю жить в далекой северной стране, поэтому я вынуждена, в отличие от других, носить тяжелую одежду. Трудности, одолевающие меня в жизни, представляются не более чем снаряжением, которое защищает от невзгод».

...Чтобы иметь возможность жить завтра, послезавтра или в отдаленном будущем, Эцуко не обременяла себя серьезными мотивами. Она несла в жизни свою ношу, и эта ноша была неизменной. Правда, время от времени смещался центр тяжести — и тогда Эцуко обращалась лицом к будущему. Не надежда ли была тому причиной? Нет, только не она!

Эцуко дни напролет следила за Миё и Сабуро. Не целуются ли они в тени деревьев? Нет ли тайной связи между их раздельными комнатами? Что они делают темной ночью?

Изнурительная слежка ни к чему не приводила, никаких улик не было. Теперь причиной страданий стала неопределенность. Эцуко была полна решимости пойти на любой самый подлый шаг, чтобы найти доказательства их любовных отношений.

Ее страсть — судя по проявлениям — свидетельствовала о безграничной человеческой жажде самоистязания. Порой эта страсть затопляла берега надежды; она воплощала в себе подлинную модель человеческой экзистенции, причем в откровенной, как бы охватывающей, обтекающей, обволакивающей форме. Страсть — это идеальная среда, в которой человеческая душа проявляется во всей полноте и совершенстве.

Никто не замечал, что Эцуко повсюду следит за влюбленной парочкой. Внешне эти двое держались спокойно, работали еще усердней, чем прежде. Эцуко проверяла комнаты Сабуро и Миё; она специально подстерегала момент, когда они отлучались куда-нибудь. Так же поступал Якити, рыская в ее комнате. Никаких доказательств она не обнаруживала. Эти двое не заводили дневников — не той породы люди. У них не было дара писать любовные письма, поэтому они не могли знать ни взволнованности влюбленных заговорщиков, ни красоты воспоминаний о тайной любви — мгновениях, и поныне оживающих на страницах писем. Ни свидетельств, ни памяти...

Когда они оставались наедине, то обменивались взглядами, прикасались руками друг к другу, целовались, прижимались грудью. А потом, потом... может быть, здесь или вон там... Ах! Как просто! Какая беспечность! Какие немыслимые, красивые движения! Абсолютная абстракция. Не нужно ни слов, ни смысла. Его поступки, его движения — осанка атлета, кидающего копье. Все направлено на достижение одной-единственной цели. О, какая линия движения! Какой порыв к абстрактной красоте!

Какие свидетельства должны оставлять эти движения? Эти движения — словно полет ласточки над полем...

Время от времени фантазии Эцуко меняли направление. И тогда в один миг она уносилась вместе со своей жизнью в космическую бездну в сказочной колыбели, которая раскачивалась так головокружительно, что она ощущала себя в водовороте, вздымающемся из глубины моря.

В комнате Миё она обнаружила всего-навсего дешевенькое зеркальце в целлулоидном обрамлении, красный гребешок, дешевый крем, ментолатум, выходное кимоно из дешевой ткани «Титибу мэйсэн» с узором в виде раскиданных стрел, мятый пояс, новенькую нижнюю юбку, летнее платье европейского покроя, комбинацию (летом, отправляясь в город, Миё носила только две эти вещи), старый женский журнал с выдранными страницами — он выглядел словно искусственный цветок с залапанными лепестками; слезное письмо от деревенской подруги и, наконец, если хорошо приглядеться, рыжевато-бурые волоски...

В комнате Сабуро обнаружились еще более простые вещи — все из повседневного обихода.

«Видимо, эта парочка укрывается от моих глаз с таким же усердием, с каким я выслеживаю их. Или я что-то упустила, не заметила? То, что могло бы скомпрометировать их, лежит, наверное, на самом видном месте, в какой-нибудь папке для бумаг. Так было в рассказе Эдгара По „Похищенное письмо“, который дал мне почитать Кэнсукэ».

Выходя из комнаты Сабуро, Эцуко натолкнулась на Якити. Тот шел в этом же направлении. Коридор заканчивался на комнате Сабуро. Очевидно, что идти в тупик у Якити не было надобности.

— Это ты? — удивился он.

— Я, — ответила Эцуко.

Она не объяснила, по какой причине оказалась в комнате Сабуро. Они повернули в комнату Якити. Коридор не был слишком уж узким, но тем не менее старчески грузное тело Якити неуклюже наваливалось на хрупкое тело Эцуко — так мамаша подталкивает вперед капризного ребенка. В своей комнате Якити немного успокоился.

— Что ты делала в комнате Сабуро? — спросил он.

— Я ходила полистать его дневник.

Якити пробормотал что-то невнятное, но больше ни о чем не спрашивал.

* * *

Десятого октября в окрестных деревнях проходил Осенний фестиваль. Парни из Молодежной лиги пригласили Сабуро. Он собрался и на закате солнца отправился на праздник. Из-за большого скопления народа малолетних детей обычно не брали — было опасно. Нобуко и Нацуо очень просились на праздник, но их оставили дома, и вместе с ними пришлось остаться Асако. После ужина все отправились в деревенский храм — Якити, Эцуко, Кэнсукэ с Тиэко, а также Миё.

Когда солнце зашло, начали бить в барабаны. К разносимым ветром звукам примешивались воинственные возгласы и слова песен. Адские вопли, похожие на перекличку зверей или птиц в темном лесу, пронизывали сады и поля, погруженные во мрак. Эти выкрики не нарушали тишины, а, наоборот, еще больше усиливали ее — настолько глубока была деревенская ночь. Слышалось, как изредка перекликались в травах насекомые.

Кэнсукэ и Тиэко уже собрались на фестиваль. Они были у себя на втором этаже. Открыв окно, они некоторое время прислушивались к грому барабанов, который доносился со всех сторон.

— Наверное, это бьют в барабаны в храме Хатиман. Слышишь, со стороны железнодорожной станции доносятся звуки? Барабаны деревенского храма звучат гораздо громче — вот туда мы и пойдем. А это, наверное, маленькие дети — их лица выбелены, они выстроились на площади перед зданием администрации соседней деревни. Слышишь, какие слабенькие звуки — прерывистые, неритмичные.

Так они развлекали друг друга детской игрой «угадай-ка». Молодые супруги щебетали, спорили, смеялись — словно разыгрывали театральную пьесу. Трудно было поверить, что этот разговор происходил между тридцативосьмилетним мужем и тридцатисемилетней женой.

— Нет, это со стороны Окамати! А барабанный бой доносится из Хатиман, со стороны станции.

— Какая ты настырная! Уже шесть лет живешь здесь, а до сих пор не знаешь, где находится станция.

— Ну хорошо, будь добр, принеси-ка сюда карту и компас.

— В этих предметах, госпожа, нет никакой надобности.

— Это уж точно — я госпожа! А ты просто-напросто муж в доме.

— Конечно, конечно! Не каждая женщина удостаивается быть женой простого мужа в доме. А скажи-ка мне на милость, почему женщин, которые вышли замуж, величают госпожа Лавочница, госпожа Трубачиха, госпожа Торговка Рыбой? Ты у нас самая счастливая, прямо-таки образец женского преуспевания, а стала женой какого-то мужа? Да ты и мужскую ношу могла бы взвалить на себя. Уверен, что для женщины нет большего успеха, чем это. Не так ли?

— Нет, я сказала не в этом смысле. Я имела в виду, что ты типичный простой муж, домохозяин.

— Ах простой? Это прекрасно! Простота — это прекрасно! Простота — наивысшая точка соприкосновения жизни и искусства. Тот, кто презрительно относится к простоте, вызывает только жалость — ибо тем самым он признает свое поражение. Если человек боится простоты, значит он далек от зрелости. В эпоху зарождения поэзии хайку — еще до Мацуо Басё, еще до Масаоки Сики, — когда главенствовала школа Данрин[1], была жива эстетика простоты, исполненная жизненной энергии. Вот так!

— Этот дух вошел в твои хайку!

...Через всю ее речь, через все ее неглубокие суждения, пронизанные тоном восхищения, протекала застарелая тема безграничного уважения к учености супруга. Лет десять назад такие супружеские пары не были в диковинку в токийской среде. Поселившись в провинции, они выглядели в глазах местных жителей вызывающе современными — хотя стиль их поведения давно вышел из моды, как старомодная женская прическа.

Кэнсукэ прикурил сигарету, облокотился на подоконник. Густой клуб дыма вышел изо рта. Словно белый клок волос, уносимый течением, дым уплывал в ночной воздух, цепляясь прядями за ветки хурмы под окном.

— Наш отец собрался или нет? — спросил он, прервав молчание.

— Эцуко не собралась. Отец помогает ей повязывать пояс на кимоно. Это, конечно, несерьезно, но скажу откровенно: отец дошел до того, что по-

---

[1] *Мацуо Басё* (1644–1694) — великий японский поэт, сочинявший трехстишия-хайку, родоначальник крупнейшей школы. *Масаока Сики* (1867–1902) — знаменитый поэт хайку, «последний из великих». *Данрин* — комическая школа хайку конца XVII в.

могает завязывать тесемки на нижней юбке Эцуко. Всякий раз, когда она переодевается, они плотно закрывают дверь комнаты и, тихо-тихо перешептываясь, занимаются своими делами бог знает сколько времени!

— Да, ничего не скажешь. Наш отец освоил под старость лет науку разврата.

Слово за слово — и на их язычок попался Сабуро. Они пришли к единому мнению, что Эцуко, вероятно, отказалась от мысли завладеть Сабуро, — судя по ее внешнему спокойствию. Слухи бывают последовательными чаще, чем факты; а факты склонны придерживаться слухов, опирающихся на вымысел.

Дорога к деревенскому храму пролегала через лесок, что начинался за домом Сугимото. Если от того места, где тропинка разветвляется и уводит к вишневым деревьям, которыми приходят любоваться каждую весну, пойти в противоположном направлении от сосновой рощи через болотную хлябь, покрытую водяным орехом и ситником, и спуститься по крутому склону, то в низине покажутся жилища соседней деревни, напротив которой через долину стоит на горе храм.

Впереди шла Миё, держа в руке бумажный фонарик. Позади шел Кэнсукэ, освещая карманным фонариком пятки идущих впереди членов семьи. На развилке тропинки они встретили добродушного крестьянина по имени Танака. Он тоже направлялся на праздник, поэтому присоединился к процессии. У него в руках была флейта. По дороге он стал упражняться в игре на ней. Неожиданно для всех его игра оказалась очень искусной, но веселая мелодия навевала печаль. Некоторое время процессия с бумажным фонариком во главе двигалась под звуки флейты в траурном безмолвии. Чтобы оживить атмосферу, Кэнсукэ принялся прихлопывать ладонями в такт мелодии. Его поддержали остальные. Вода на болоте тоже хлюпала под ногами в такт музыке.

— Слышите вдалеке звуки барабанов? — спросил Якити.

— Это из-за рельефа местности, — ответил Кэнсукэ.

В этот момент Миё споткнулась и едва не упала. Тогда Кэнсукэ взял фонарик. Теперь он был ведущим. Всем было очевидно, что не следовало бы ставить эту рассеянную девчонку во главе процессии. Эцуко сошла с тропинки, чтобы проследить за фонариком, переходящим из рук в руки. Свет фонарика придал лицу Миё зеленоватый оттенок. Казалось, она дышит с трудом.

Чтобы разглядеть, как вздымается грудь Миё, за мгновение, пока фонарик переходил из ее рук в другие, нужно было обладать тонкой наблюдательностью, которой Эцуко овладела совсем недавно. Однако это открытие было тут же ею забыто.

Едва процессия приблизилась к холму, с которого были видны разноцветные огоньки под карнизами домов, раздались облегченные возгласы. Бóльшая часть крестьян отправилась на празднество, поэтому в деревне было пустынно. Только фонарики тихо сторожили жилища. Через деревню протекала река, и семейство Сугимото перешло на тот берег по каменному мосту.

Днем в этой реке плавали гуси, которых вечером загоняли в сарай. Услышав в неурочное время голоса людей, гуси подняли удивленный гвалт.

— Будто дети плачут спросонья — вот раскричались-то! — сказал Якити.

Все рассмеялись, вспомнив Нацуо и его нерадивую мать. Эцуко бросила суровый взгляд на Миё — она была одета в то самое единственное выходное кимоно, украшенное стрелами, — и тут же невольно отвела глаза в сторону. Нет, перед семейством Сугимото она не робела; она опасалась, что Миё могла бы уловить в ее взгляде ревность. Конечно, ожидать, что такая неряшливая деревенская девка столь проницательна, было бы смешно, однако одно только предположение об этом унижало Эцуко. Что-то преобразило Миё в этот вечер: то ли кимоно, то ли нездоровый цвет лица, — Эцуко так и не поняла.

«Мир меняется к лучшему, — думала Эцуко. — Еще недавно, когда я была ребенком, служанке не разрешалось ходить ни в чем другом, кроме кимоно из ткани в полоску. Раньше было просто немыслимо, чтобы прислуга носила щегольские наряды. Это было нарушением правил и обычаев, наплевательским отношением к общественным приличиям. Если бы моя мать была сейчас жива, то она наверняка прогнала бы такую дерзкую девчонку».

С какой стороны ни смотри, а сословный статус замещает и ревность, и зависть. Это совершенно очевидно, но в душе Эцуко никогда не возникало комплекса сословного превосходства в отношении Сабуро.

Эцуко нарядилась в редкостное для провинции шелковое кимоно с узором из хризантем. Поверх него она накинула короткое атласное хаори, источавшее тонкий аромат бережно хранимых духов «Обиган». Эти духи совсем не гармонировали с деревенским праздником. Они были предназначены для Сабуро — о чем не мог догадываться Якити. Когда Эцуко наклонилась, Якити собственноручно окропил ее шею. Крохотные капельки, сияя, словно жемчужины, повисли на волосках, неразличимых на коже. Они были так красивы, что трудно подобрать сравнение. Роскошная шея с тоненькими прожилками на гладкой коже, отданная во владение Якити, так не вязалась с его мозолистой ладонью, с узловатыми пальцами, в поры которых въелась земля. Вскоре ширококостная рука Якити безбоязненно сползла на благоуханную грудь и погрузилась уже совсем в иной аромат. Когда Якити понял, что в их телах нет противоречия, его впервые охватило такое вдохновение, что он смог по-настоящему овладеть Эцуко.

Путники выбрались на тропинку, которая тут же поворачивала за угол распределительного пункта. Неожиданно в нос ударил запах ацетиленовой лампы, освещавшей ночной магазин. Такого оживления они еще не видели! То была кондитерская, где продавали тянучки. Кроме сладостей, там торговали соломенными вертушками для детей. Торговец бумажными зонтиками сегодня торговал в своей лавке шариками, фейерверками, фишками для детской карточной игры мэнко. Во время праздников торговцы отправляются в Осаку, покупают в кондитерских лавках залежалый товар по сниженным ценам; потом приезжают на станцию Умэда-Ханкю, там расспрашивают пассажиров о праздниках, проходящих на станциях этой линии. Если на станции Окамати они видят, что конкуренты уже заняли места в храме Хатиман, то едут на следующую станцию — понурые, не надеясь собрать и половину ожидаемой прибыли. Группами по несколько человек бредут они через поля. Унылая походка выдает их неверие в удачу. Среди коробейников в этот вечер было много пожилых мужчин и женщин. Детвора сбивалась в стаи, окружив игрушечные машинки. Все члены семейства Сугимото по очереди заглянули в лавку. Поднялась перепалка — купить или не купить пятидесятииеновую машинку для маленького Нацуо.

— Дорого, дорого! В Осаке намного дешевле. Пусть Эцуко купит в городе, когда поедет туда в следующий раз. К тому же если сегодня купишь что-нибудь в этой лавке, то завтра непременно сломается, — громким голосом высказывался Якити.

Старый торговец детскими игрушками злобно покосился на него. Якити ответил ему тем же взглядом исподлобья. В этом обмене взглядами победил Якити. Старый торговец отвернулся, вновь обратясь к окружавшим его детям. По-мальчишески опьяненный победой, Якити проследовал под первыми тории на пути к храму и стал подниматься по каменным ступеням.

И вправду, цены на товары в Майдэн были выше, чем в Осаке. В Майдэн приходилось покупать только самое необходимое. Например, компост. «Цена на навоз в Осаке сносная», — можно было слышать от людей. Однако зимой цена одной телеги компоста достигает двух тысяч иен. Крестьяне привозят навоз из Осаки на повозках, запряженных быками. Скрепя сердце Якити покупает его за такие деньги. Осакский считался более качественным, чем местный.

Когда семейство поднялось по каменным ступеням, громовая волна захлестнула всех с головой.

Лестница уходила еще выше — в ночное небо. Оттуда сыпались брызги огней. Бамбуковый треск вперемешку с возгласами бил по ушам, безжалостные сполохи костров выхватывали из темноты вершины старых кипарисов.

— Я не уверен, что мы сможем добраться до храма, — сказал Кэнсукэ.

Они дошли до середины холма, потом повернули на тропинку, которая петляла позади первого от входных ворот храма. Когда они подошли к нему, то всем бросилось в глаза, что Миё запыхалась сильнее, чем Якити. Она приложила свои большие ладони к щекам — те были совсем бледны.

Словно с капитанского мостика военного корабля, внизу открывался вид: в носовой части возвышался храм, перед ним метались вихри огня, крики и грохот. Женщины не отважились окунуться в этот водоворот и наблюдали за безумством сверху. Что там творилось во дворе перед храмом! Каменный мост и парапет с трудом оберегал их от беснующейся толпы. То, что происходило вокруг, повергло всех в оцепенение: они молча взирали на отблески пламени, на темные силуэты людей вокруг костра, который отплевывался искрами; огненные брызги падали на головы, на мост, на ухватившиеся за перила руки. Все были взволнованы умопомрачительным действом.

Иногда с бешеной силой вырывалось пламя сигнальных огней, — казалось, что оно разъяренно лягает ночной воздух. Среди зевак преобладали женщины. Вскоре к ним присоединилось семейство Сугимото. Лица людей окрашивались яркими отблесками огней. Словно в лучах закатного солнца, в свете костров то и дело поблескивали колокольчики, свисающие с карнизов храма. Продолжали плясать тени — подпрыгивали, поглощая мгновенные вспышки пламени. Группа людей, окруженная мраком, оцепенело, в тягостном молчании стояла на верхних ступенях.

— Будто какое-то сумасшествие повелевает ими. Сабуро тоже среди этого безумия, — вслух размышлял Кэнсукэ, глядя на толпу сверху вниз.

Повернув голову в сторону, он увидел Эцуко; ее накидка была порвана сбоку, но она этого не замечала. Кэнсукэ отметил про себя, что Эцуко сегодня вечером красива как никогда.

— Эй, Эцуко-сан, хаори порвалась! — учтиво произнес он.

Эцуко не расслышала — вновь взметнулся взрыв криков. Ее профиль, освещаемый трагическими отблесками пламени, казался еще более строгим, чем обычно.

Монолитная толпа, в отчаянии разрываясь на части, бросилась в направлении трех ворот. Над этим потоком нависла огромная голова льва. Ощерясь, она щелкала зубами и неслась наперерез людским волнам, развевая гриву и зеленую накидку. Трое молодых мужчин в тонких домашних кимоно-юката[1] по очереди манипулировали головой льва. Когда пот покрывал тело ведущего, они менялись местами. За львом тянулся хвост из сотни молодых людей — у каждого в руках был фонарик из белой бумаги. Они пробирались в середину, сталкивались телами и фонариками, затевали потасовку. Вскоре лев пришел в дикую ярость. Он, будто спасаясь бегством от толпы, бросился к во-

[1] Легкое летнее кимоно.

ротам. Вслед за ним помчались около сотни молодых разгоряченных и потных тел. Удивительно, что, хотя почти все фонарики были разорваны, огоньки в них продолжали светить.

Крики не прекращались. В центре храмового двора возвышалась бамбуковая пирамида, под которой разводили костер. Над бамбуком взметнулось сильное пламя, раздались взрывы хлопушек. Другие четыре костра, разведенные по углам двора, полыхали не так сильно, как центральный.

Деревенские жители, чурающиеся рискованных поступков в будни, смело стояли под сыпавшимися искрами, наблюдая за схваткой молодых парней, которые без устали гонялись за львом. Зрители выглядели спокойными только на первый взгляд, в любой момент первые ряды могла захлестнуть очередная волна людского моря и одним махом смести их в пучину липких молодых тел. Старейшины, организаторы празднества, обмахивались веерами. Они стояли между молодежной группой поддержки и группой зевак, регулируя потоки людей охрипшими голосами.

Если бросить на действо взгляд сверху, со стороны храма, стоящего у ворот, то полная картина предстала бы в виде огромной змеи, извивающейся вокруг костра и фосфоресцирующей в полумраке.

Эцуко таращилась во все глаза в ту сторону, где ожесточенно сталкивались друг с другом бумажные фонарики. В ее сознании уже не существовало ни Якити, ни Кэнсукэ, ни его супруги, ни Миё. Для Эцуко, опьяненной действом, олицетворением этих возгласов, этого неистовства, этого варварства был Сабуро. «Вот он, вот! Это, должно быть, и есть Сабуро!» — думала она.

Эта бессмысленная растрата жизненной энергии напомнила Эцуко какую-то яркую, сверкающую вещицу. Казалось, что ее сознание, погруженное в опасный хаотический водоворот, истаивает, словно кусочки льда в глиняном горшке. Иногда Эцуко ощущала, как пламя костра и искры безжалостно опаляют жаром ее лицо. В этот момент совсем некстати она вспомнила тот скорбный ноябрьский поток солнечных лучей, когда из ворот мертвецкой выносили гроб с телом мужа.

Тиэко догадалась, что Эцуко ищет глазами Сабуро. Ничего другого в ее голову и прийти не могло. Со свойственной ей любезностью она сказала:

— Ах, как увлекательно! Я бы тоже хотела пойти туда. Если мы останемся здесь, то так и не ощутим всей дикости деревенского праздника.

Кэнсукэ подмигнул жене — он понял ее намек, будучи уверен, что Якити не откажется от идеи пойти в толпу. Этим Кэнсукэ хотел немного отомстить отцу — и одним ударом убить сразу двух мух!

— Отлично! Идемте же! Покажем всем нашу храбрость. Эцуко-сан, а ты идешь? Кровь-то, поди, еще молода в жилах?

Якити, как обычно, сделал презрительную мину. Его лицо выражало гордыню и уверенность в том, что он может одним движением брови управлять окружающими. Да, миновали времена, когда он вынуждал уйти в отставку руководящего работника одним взглядом. Однако Эцуко не видела лица Якити. Она ответила мгновенно:

— Да, да! Я тоже иду с вами!

— Отец, а вы? — спросила Тиэко.

Якити ничего не ответил. Он повернулся с кислой физиономией к Миё, давая понять ей, что она должна остаться вместе с хозяином.

— Я буду ждать здесь... только недолго, — сказал он Эцуко, не глядя на нее.

* * *

Взявшись за руки, они стали спускаться по лестнице — Эцуко, Кэнсукэ и Тиэко. Не разнимая рук, они входили вглубь толпы, которая шумела и бушевала, словно морской прибой, и без труда продвигались вперед, переправляясь через скопище человеческих физиономий с безвольно раскрытыми ртами. Отсюда казалось, что зрители наверху двигаются еще медленней. Над ухом Эцуко раздался оглушительный взрыв горящего бамбука. Ее чувствительные уши перестали реагировать на отдельные и незначительные звуки — они превратились в шумовой фон, который держал ее в напряженном ожидании какой-нибудь опасности. Эцуко прислушивалась к ритму музыки, которая проникала в нее, становясь ее существом.

Неожиданно львиная пасть оскалилась над толпой золотыми клыками, затем, вздымаясь на волнах, понеслась в сторону противоположных ворот. Мгновенно поднялась паника. Людской поток, разрываясь на части, понесло влево и вправо. Что-то сверкающее молниеносно пронеслось перед глазами Эцуко. Это была группа молодых полуобнаженных парней, бегущих в отблесках пламени. Волосы одного из них были распущены, у других развевались концы белых головных повязок. Когда они проносились мимо Эцуко с дикими звериными выкриками, ее окатило горячим потоком ветра с запахом потных юношеских тел цвета жареного каштана. Столкновение полуобнаженных тел произошло молниеносно — раздались глухие удары. Воздух наполнился чередой шлепков липких мускулистых тел. Ноги, ноги, огромное количество голых ног. Перепутанные в тугой клубок, они напоминали в темноте странное животное, проворно перебирающее многочисленными конечностями. Никто не знал, где чьи ноги.

— А где Сабуро? Когда все обнажены, трудно понять, кто есть кто, — сказал Кэнсукэ, держась руками за плечи жены и невестки, чтобы не потеряться. Худенькие плечи Эцуко все время пытались высвободиться из-под его руки. — И в самом деле, — продолжал рассуждать Кэнсукэ, — когда люди обнажены, понимаешь, насколько хрупка человеческая индивидуальность. А ведь вполне достаточно четырех параметров, чтобы выделить одного из толпы. Каким бывает мужчина? Или полным, или худым, или долговязым, или низкорослым — вот идеи индивидуальности, что же касается лица — на кого бы мы ни посмотрели, там всегда одно и то же: пара глаз, один нос, один рот... С одним глазом никто не рождается. Вот возьмите, например, самое яркое лицо. Что же оно выражает? Самое примечательное, что оно может выразить, — это отличие одного от другого. Лицо — это символ отличия. А любовь? Это тоже символ — символ для обозначения другого символа. Не больше. Если взять сексуальные отношения, то в них обнаруживается полная обезличенность, неразличимость, хаос и хаос, андрогинность, немужественность и неженственность. Не так ли, Тиэко?

Тиэко, утомленная его разглагольствованиями, кивнула в знак согласия. Эцуко невольно хихикнула. Непрерывное журчание его слов над ухом больше напоминало ночное недержание, чем силу мужской мысли. Вот именно! Это что-то вроде «интеллектуального недержания». Какое жалкое мыслеиспускание! Однако весь комизм заключался в другом: темп его монолога не совпадал с темпом всего происходящего вокруг — этого действа, этих криков, этих плясок, этих танцев, этих запахов, этой растраты жизненной энергии. Хотелось бы посмотреть на дирижера, который не выгнал бы Кэнсукэ из своего оркестра, случись ему быть музыкантом. Уличных музыкантов, странствующих из одного места в другое, мы всегда узнаем по фальшивым мелодиям.

Эцуко открыла глаза. Ее плечо с легкостью освободилось от назойливой руки Кэнсукэ. И тут она увидела Сабуро. Обычно молчаливый, он кричал во весь голос, широко открыв рот и обнажив ровный ряд белых мелких зубов, сверкавших в отблесках пламени. В его зрачках отражался костер. Сабуро не заметил Эцуко.

Вновь над толпой появилась львиная голова. Она надменно озирала окружающих, потом резко изменила направление и с сумасшедшей скоростью ворвалась в толпу зрителей, ее зеленая грива развевалась. Когда львиная голова помчалась в сторону главных ворот храма, орава полуголых парней, словно снежный вал, хлынула вслед за ней. Ноги Эцуко сами собой помчались за орущей ватагой. Кэнсукэ кричал вслед: «Эцуко! Эцуко!» Пронзительный, нервный смех — кажется, смеялась Тиэко — смешивался с криками Кэнсукэ.

Эцуко не обернулась. Она почувствовала, как изнутри, словно из чего-то зыбкого и смутного, стала вырастать непомерная физическая мощь, которая охватывала ее тело сексуальной чувственностью и наконец вырвалась наружу ослепительной вспышкой. В жизни бывают мгновения, когда нас переполняет вера в свои возможности. В такие мгновения открывается другое зрение: видны вещи, которые в повседневной жизни не обращают на себя внимания. Позднее, когда все поглощает забвение, случается, оживают подобные мгновения — и тогда к человеку возвращается полнота чувств и переживаний в этом мире страдания и радости. Таких мгновений не избежать, как судьбы. Никто не может противостоять этому.

Вдруг Эцуко почувствовала: какая-то сила толкает ее на решительный поступок. Бесчувственная толпа, спотыкаясь и напирая, несла Эцуко к главным воротам храма, пока она не оказалась почти в первых рядах. Она не почувствовала боли, когда налетела грудью на одного из распорядителей праздника с повязкой на голове и с веером в руках. Апатия и страшное возбуждение боролись в ней.

Сабуро не догадывался, что Эцуко находится рядом. Он поворачивался время от времени своей красивой смуглой и широкой спиной к зрителям, с дикими выкриками нападал на львиную голову. Высоко над головой он держал бумажный фонарик — тот уже погас, хотя и не был порван, как у остальных.

Нижняя часть его тела, находящаяся в непрерывном движении, была скрыта мраком; а верхняя, почти неподвижная, наоборот, была отдана сумасшедшему танцу отблесков костра и теней. Со стороны казалось, что туловище движется в головокружительной пляске. Игра мышц на лопатках создавала впечатление хлопающих крыльев. Эцуко страстно желала дотронуться до них. Однако не было ясно, какого рода желание толкало ее к Сабуро. Если говорить фигурально, то его спина представлялась ей бездонным морем — она хотела броситься в его глубину. Это было желание человека, решившего утопиться. К смерти оно не имело никакого отношения. Это желание означало стремление обрести совершенно иной мир.

И тут вновь в толпе поднялась сильная волна, которая выплеснула человеческие тела вперед. Полуголые парни стали пятиться от разъяренной львиной головы, Эцуко толкали сзади, она бежала, спотыкалась, металась, словно пламя костра, в окружении голых спин. Она протянула руки, чтобы сдержать напор. Впереди оказалась спина Сабуро. Ее пальцы соприкоснулись с его телом. Она почувствовала жар, как от вынутой из печи рисовой лепешки. Жар обжигал ей ладони. Вдобавок ко всему сзади продолжала напирать толпа. Острыми ноготками Эцуко вцепилась в спину Сабуро, но из-за перевозбуждения Сабуро не почувствовал боли. Он не понял в этой сумасшедшей потасовке, что в его спину впилась женщина. Эцуко ощутила на своих пальцах липкую кровь.

Организаторы, кажется, нисколько не содействовали тому, чтобы разнять враждующих парней. Зачинщики драки, сбившись в одну стаю, перегородили центр площади, дико орали; они постепенно переместились на кострище, затаптывая костер босыми ногами и не ощущая огня. Бамбуковые шесты были охвачены пламенем, которое алыми отблесками освещало верхушки старых кипарисов. Искры и дым взметались вверх. Листья пылающего бамбука были ярко-желтыми, словно на них упал свет закатного солнца. В костре потрескивало и взрывалось; сначала тонкий столб огня был похож на высокую мачту, затем бамбук разгорелся, и пламя разметалось во все стороны; бамбуковые жерди покачнулись и повалились на враждующие стороны.

Эцуко померещилось, что она увидела женщину с огненной головой; эта женщина громко смеялась. Что происходило дальше, она уже не помнила. Каким-то чудом ей удалось выбраться из столпотворения. Она пришла в себя на ступеньках перед храмом. Позднее она смогла вспомнить только одно мгновение: искры и пламя, взметнувшиеся в небо. Но это уже не пугало. В новой схватке молодежь повалила в противоположную сторону. Толпа, забывшая недавний ужас, последовала за ней.

Как случилось, что Эцуко осталась одна? Она с удивлением наблюдала за переплетениями человеческих теней и пламени на земле перед храмом. Вдруг кто-то похлопал Эцуко по плечу. Это была настойчивая ладонь Кэнсукэ.

— А, ты здесь, Эцуко-сан? Мы так волновались за тебя!

Эцуко молчала. Она взглянула на него без всякого выражения. Тяжело дыша, он продолжал говорить:

— Это было ужасно! Идем!

— Что случилось?

— Ничего особенного. Идем, идем!

Кэнсукэ взял ее за руку и широкими шагами стал подниматься по лестнице. Толпа людей затрудняла им проход к Якити и Миё. Кэнсукэ, раздвигая толпу, вел за собой Эцуко.

На сдвинутых скамьях лежала Миё. Чтобы развязать пояс на кимоно, над ней склонилась Тиэко. От смущения Якити не знал, куда деваться. Он стоял как вкопанный, широко расставив ноги. Миё была одета неряшливо. Она была в обмороке, рот полуоткрыт, руки раскинуты, пальцы касались мощеного тротуара. Когда распустили пояс, ее грудь сразу обнажилась.

— Что произошло?

— Она стояла, а потом ни с того ни с сего повалилась. Видимо, низкое давление. Или эпилепсия.

— Нужно вызвать врача!

— Танака уже пошел. Он сказал, что принесет носилки.

— Сабуро сообщить?

— Нет, нет! Не стоит беспокоить. Все обойдется.

Кэнсукэ отвел взгляд. Он не мог долго смотреть на лицо Миё — зеленое, как трава. Кэнсукэ был из тех, кто не посмел бы убить и мухи.

Вскоре принесли носилки. Танака и два парня из Молодежной лиги подняли их. Спускаться по лестнице было опасно, и Кэнсукэ освещал дорогу карманным фонариком. Они стали медленно спускаться по ступеням. Изредка луч фонаря выхватывал из темноты лицо Миё с крепко закрытыми глазами. Оно было похоже на маску театра Но. Дети, проходившие гурьбой мимо, делано подняли крик, полушутливо изображая ужас. Якити следовал за носилками. Он беспрерывно что-то бормотал. Но всем и так было ясно, что он хотел сказать.

— Стыдоба! Что люди-то скажут? Хорошенькое дело — упасть в обморок в разгар праздника!

К счастью, им не пришлось идти через торговый ряд, чтобы добраться до амбулатории. Пройдя через ворота, они очутились на одной из темных улочек. Перед амбулаторией собралась толпа зевак. Они не расходились даже после того, как вся процессия прошла толпу больных и сиделок. Зевакам порядком надоели бесконечные репетиции перед фестивалем; теперь им не терпелось узнать, чем закончилось это представление. Они обменивались слухами и, предвкушая удовольствие от инцидента, притоптывали на мостовой. Как и предполагалось, что праздник должен был завершиться какой-нибудь заварушкой, так и случилось. В последующие десять дней это выдающееся увеселение оставалось главной темой деревенских разговоров.

Вместо главврача дежурил молодой бакалавр медицины. Этот высокомерный юный гений в очках без оправы иронизировал по поводу крестьянского происхождения своего покойного отца и всего их семейного клана. Его загородный дом — такой же, как у Сугимото, — мозолил ему глаза. Он конфузился, когда они встречались на улице; в его приветствия вкрадывалась нотка подозрительности — он боялся, что Сугимото относится к нему как к эдакому городскому щеголю.

Больную отнесли в смотровой кабинет. Якити, Эцуко, Кэнсукэ и его жену сопроводили в гостиную комнату — окнами в сад. Они мало разговаривали. Якити, бледный, как деревянная кукла из театра Бунраку, то судорожно дергал бровями-метлами, словно отгонял назойливых мух, то громко цвиркал языком. Теперь он сожалел, что потерял от страха голову. Надо было не звать Танаку, ведь все равно ничего серьезного не случилось. Если бы они не волокли ее на носилках, то мало кто обратил бы на них внимание. Как-то Якити зашел в профсоюзную контору. Один из служащих, рассказывавший что-то смешное, вдруг умолк. Это был тот самый тип, который был в доме Сугимото, когда все семейство ожидало министра. Если уж тот случай дал повод для разных толков и измышлений, то происшествие с Миё можно раздуть куда больше! Слишком много соблазнов давал этот случай для досужих разговоров.

Эцуко положила руки на колени. Склонив голову, она разглядывала ногти. На одном из ногтей запеклась кровь, окрасив его в бурый цвет. Почти бессознательно она поднесла этот палец к губам.

Раздвинулась фусума. В белом халате появился врач. Представ перед семейством Сугимото, он с наигранным великодушием произнес:

— Будьте спокойны! Не волнуйтесь!

Его слова нисколько не успокоили Якити. Он раздраженно переспросил:

— В чем дело? В чем причина?

Бакалавр задвинул за собой фусума, вошел в гостиную комнату. Поправив складки на брюках, он неуклюже присел на пол. И уже без должностной маски на лице произнес с улыбкой:

— Она беременна!

ГЛАВА ЧЕТВЕРТАЯ

После фестиваля Эцуко вновь начали преследовать воспоминания о давно забытом. Рёсукэ стал являться ей в мучительных сновидениях, настигать среди повседневных забот. Однако теперь он возникал не на волне сострадания, как это бывало после его смерти: Рёсукэ виделся ей голым, с трупными пятнами, ядовито-смрадным.

Жизнь Эцуко, наполненная призраками покойного мужа, превращалась в бесконечный школьный урок. Эта школа пользовалась дурной славой — в ней нерадивых учеников отправляли в тайную комнату. Рёсукэ не столько любил Эцуко, сколько воспитывал ее. И даже не столько воспитывал, сколько дрессировал. Так уличные торговцы натаскивают всевозможными ухищрениями несчастных девочек...

Часы занятий были отвратительны, жестоки, извращенны. Ее кнутом принуждали вспоминать огромные куски жизни. Так они взрастили в ней мудрое: «Если не подавить в себе ревность, то никогда не покончить с любовью».

Чтобы овладеть этой наукой, Эцуко прилагала все свои силы. И напрасно их тратила. Без пользы.

Это был жестокий урок. Он приучил ее к мысли, что без любви она сможет вынести любые лишения. На этом уроке ей предписывалось научиться хитрости. Таков был рецепт. Однако если в рецепте не назначены лекарства, то лечение не будет результативным.

Она думала, что это лекарство можно найти в Майдэн. И не ошиблась. Эцуко успокоилась. Но увы! Это лекарство оказалось ненастоящим, искусной подделкой. Это была фальшивка! И тогда начались рецидивы страха — то, что пугало раньше, вновь стало преследовать ее.

Когда доктор с улыбкой произнес: «Она беременна!» — страшная боль пронзила грудь Эцуко. Кровь отхлынула от лица, во рту пересохло. Так бывает перед приступом рвоты. На нее никто не обратил внимания. Она окинула взглядом Якити, Кэнсукэ и Тиэко — их лица выражали крайнее удивление.

«Да, в такой ситуации трудно сдержать удивление. Я тоже должна удивляться, как все».

— О, какой ужас! Я не верю своим ушам, — сказала Тиэко.

— Возмутительно! Какие девки нынче пошли, — сказал Якити. Таким тоном, будто его семейство не имеет никакого отношения к происходящему. Первой его мыслью было: сколько нужно заплатить доктору и медсестрам за молчание?

— А ты удивлена, Эцуко-сан? — спросила Тиэко.

— О да! — ответила она, подавляя улыбку.

— Ничем тебя не удивить. Вечное равнодушие! — сказала Тиэко. Она была права. Эцуко была не удивлена. Она умирала от ревности.

Этот инцидент очень позабавил супружескую пару Кэнсукэ и Тиэко. Отсутствие моральных предрассудков, по их мнению, было их сильной стороной. Они весьма гордились этим качеством, считая его своим достоинством. Жить с ним было легче легкого. Словно болельщики на скачках, они занимали позицию подстрекателей, без всяких там раздумий о справедливости. Пожар — любопытное для всех зрелище, но тот, кто наблюдает за ним с балкона, не лучше уличного зеваки.

Их мечтания о современном, идеальном мире помогали переносить скучное деревенское житье.

Для воплощения своих представлений они обладали единственным орудием — патентом на советы и любезные рекомендации, выдав сами себе монопольное право на этот патент. Они были настолько увлечены раздачей рекомендаций, что их чувства не были заняты ничем другим — за исключением духовной работы, конечно.

Интеллигентность входила в число достоинств мужа Тиэко — ее прямо-таки распирало от гордости за Кэнсукэ. Например, он умел читать по-гречески! (Правда, ни перед кем не хвастался своими познаниями.) Для Японии это диковинный случай! Кроме того, с ходу мог проспрягать двести семнадцать латинских глаголов. Знал все без исключения длинные имена героев многочисленных русских романов. Еще мог часами без умолку разговаривать о том, что японский театр Но является «великим культурным наследием» (он любил повторять это выражение) для всего мира, что «его изысканная эстетика способна соперничать с великой традицией западного театра», и о многом другом. Он был уверен в том, что мир не готов принять его откровения, коль до сих пор к нему не обратились с просьбой читать публичные лекции, —

в этом он напоминал писателя, мнящего себя гением, хотя его книги безнадежно пылятся на полках книжных магазинов.

Эта супружеская пара, эрудированная во всех отношениях, была убеждена в том, что стоит приложить небольшое усилие — и человечество изменится. При этом, отстаивая свои убеждения, сами они хоть бы раз вынули руки из карманов! Кто внушил им это чувство собственной исключительности, разбухшее, как у отставного унтер-офицера? Так или иначе, Кэнсукэ унаследовал, вероятно, тщеславие Якити Сугимото, несмотря на то что относился к отцу с большим презрением.

Их советы не были продиктованы ни предрассудками, ни корыстными побуждениями. Если кто-нибудь, не прислушавшись к их советам, попадал в затруднительное положение, он тут же объявлялся жертвой собственных предрассудков. Они обладали, так сказать, полномочиями возлагать вину на одних и прощать других, в зависимости от действенности своих рекомендаций.

Им казалось, что стоит им только ударить палец о палец, как их жизнь изменится практически без усилий, но сделать это прямо сейчас было слишком обременительно для них. В отличие от Эцуко, которой приходилось прилагать усилия, чтобы добиться любви, этой супружеской паре любовь давалась без всякого напряжения — именно из-за этого они были ленивы и беспомощны.

С фестиваля возвращались поздно ночью, под нависшими дождевыми тучами. Кэнсукэ и Тиэко, предвосхищая новые подробности, были сильно взволнованы инцидентом с Миё, которую оставили на ночь в больнице.

— Тут и гадать нечего — это ребенок Сабуро, — сказал Кэнсукэ.

— Без сомнений, — поддакнула Тиэко.

При мысли о том, что жена ни капельки не сомневается в его словах, Кэнсукэ почувствовал странное одиночество, раньше ему не свойственное. У него вспыхнуло чувство зависти к покойному Рёсукэ, который любил приударить за женщинами.

— А что, если это я? — задумчиво сказал он.

— Не шути так! Я не из тех, кто терпит грязные насмешки.

Тиэко закрыла уши руками, словно маленькая девочка. И, выпятив вперед живот, надула губы. Она, женщина нравственная, не любила грубые намеки.

— Это Сабуро! Конечно, Сабуро!

Кэнсукэ думал так же. Якити находился вне всяких подозрений — он давно потерял мужскую силу, достаточно посмотреть на Эцуко. Это очевидно.

— Интересно, что же выйдет из всего этого? Судя по лицу Э-тян, ей не до шуток.

Он понизил голос и посмотрел вслед Эцуко. Она шла на пять-шесть шагов впереди — плечом к плечу с Якити. Было заметно, что Эцуко не нравится, когда их плечи соприкасаются.

— Да, глядя на нее, можно догадаться, что она влюблена в Сабуро.

— Наверное, ей сейчас горько. Почему ее постоянно преследуют несчастья?

— Череда любовных неудач настроила ее сознание на отторжение любви, как в случае выкидыша. Это превратилось в рефлекс, привычку. Каждый раз, когда она влюбляется, случается очередной выкидыш.

— Все-таки Эцуко достаточно умна, чтобы справиться с этим. Как-нибудь найдет способ.

— Может быть, нам следует поговорить с ней откровенно, по-родственному?

Эта супружеская пара была из той породы людей, которые предпочитают носить готовую одежду: их интересовали трагедии, скроенные по стандарту; они как будто сомневались, что существуют пошивочные мастерские, где портные шьют по индивидуальному заказу; они не понимали трагедии Эцуко, начертанной неразборчивыми иероглифами.

* * *

Одиннадцатого октября пошел дождь. Из-за дождя и ветра пришлось закрывать ставни. Днем отключили электроэнергию. Во всех комнатах, как в погребе, царила тьма. Послышалось хныканье Нацуо, потом плачущий голос Нобуко — она передразнивала малыша. Было грустно и уныло. Нобуко надулась из-за того, что ее не взяли на фестиваль. Сегодня она пропустила занятия в школе.

Якити очень редко заходил в комнату Кэнсукэ. На этот раз он пришел в сопровождении Эцуко.

Это был эпохальный визит. Якити отгородился от мира высоким забором, сам определив себе пространство, где он мог находиться и где нет. Он практически не заходил ни в комнату Кэнсукэ, ни в комнату Асако. Кэнсукэ трудно было застать врасплох, но, когда он увидел, что в его комнату пожаловал отец, он не мог скрыть своего удивления, засуетился, побежал помогать Тиэко, чтобы приготовить чай. В свою очередь, Якити тоже был удивлен внимательным обхождением.

— Ничего не надо, не беспокойтесь, мы просто сбежали от этого гама.

— И вправду, не стоит так беспокоиться.

Якити и Эцуко произнесли эти слова почти в один голос. Казалось, что они вошли в роль босса и его жены, пришедших с визитом в дом подчиненного работника, — так дети разыгрывают сцены из офисной жизни своих родителей.

— Я совершенно не понимаю, что у Эцуко на уме! Она весь вечер сидела за спиной отца, словно пряталась, — сказала Тиэко после того, как все разошлись.

* * *

Дождь закрывал окрестности сплошной стеной. Стоило ветру немного усилиться, как шумно начинали хлестать струи воды. Эцуко обернулась. Ливень заштриховывал черные стволы деревьев, словно китайской тушью. Она ощущала себя запеленутой в кокон монотонных, угнетающих, безжалостных звуков музыки...

«Мерный шум дождя напоминал молитвенные бормотания десятка тысяч монахов. Якити бормочет. Кэнсукэ бормочет. Тиэко бормочет... Какое бессилие слов! Какая тщета! Суетность! Что за жалкая попытка прыгнуть выше своей головы! Ни одним словом не выразить жестокого напора стихии. Разве выдержать человеку этот шум дождя, его невразумительные молитвословия? Эту монолитную стену воды, глухую, словно смерть, может разрушить только выкрик нищего духом человека, который не знает ни одного слова, — только его выкрик может противостоять напору звуков дождя!»

Эцуко вспомнила обнаженные фигуры в розовых отблесках пламени, которые толпой бежали впереди нее, словно молодые сухопарые животные, и дико кричали. «Вот такой крик! Нужен именно такой крик».

Вдруг Эцуко очнулась, Якити повысил голос. Он интересовался ее мнением.

— Как нам быть с Миё? Если она беременна от Сабуро, то решение должен принимать он. Мы поступим так, как он считает нужным. Если он станет увиливать от ответственности, то мы прогоним его, как негодного пса. Мы уволим его, а Миё оставим. Потом договоримся, чтобы ей сделали аборт. Однако если Сабуро признает вину за собой, то он может жениться на Миё, если у них серьезно. Мы поженим их, и тогда все останется попрежнему. Что ты думаешь, Эцуко? Это решение весьма радикально, но ведь я пытаюсь действовать в духе времени и новых порядков.

Эцуко не отвечала.

— Ну... — С ее губ слетел слабенький, невразумительный звук, а черные выразительные глаза, фокусируя взгляд на какой-то отдаленной точке, устремились в пустоту.

Шум дождя заполнял молчание. Кэнсукэ посмотрел на Эцуко. Ему показалось, что она слегка не в себе.

— Эцуко, ты думаешь, что здесь не из чего выбирать? — пришел на помощь Кэнсукэ.

Якити не отреагировал на его реплику, явно нервничая. Когда он затевал это обсуждение с

Кэнсукэ и Тиэко, им руководил тайный умысел: страстно хотелось проверить Эцуко — будет ли она оправдывать Сабуро и согласится ли с предложением женить его? Будет ли осуждать его, требовать увольнения в присутствии всех вопреки своему сердцу? Такова была тайная цель учиненного опроса мнений. Если бы старые сослуживцы Якити были свидетелями его искусного интриганства, то они отказались бы поверить происшедшим в нем переменам.

Чувством ревности Якити был обделен. Случись в прошлом, в пору его молодости, заметить ухаживания какого-нибудь мужчины за его женой, он наверняка выбил бы из ее головы все мечты одним махом грубой ладони. К счастью, его покойная жена избежала этой участи. Она была занята совсем другим — ей хотелось воспитать мужа в духе высшего общества. Якити старел. Старость подступала изнутри. Так белые муравьи истачивают чучело орла. Интуитивно он чувствовал, что Эцуко испытывает тайную привязанность к Сабуро, но не мог прибегнуть к решительным мерам.

Эцуко заметила в глазах этого старого мужчины слабые вспышки ревности и подумала о силе собственной. Ее неистощимый запас она постоянно ощущала в себе. Она подумала о способности страдать. Что-то искушало ее горделиво поведать кому-нибудь о своих чувствах.

Эцуко была откровенна. Предельно откровенна.

— Ну, во всяком случае, я попытаюсь узнать правду у Сабуро, когда его увижу. Все-таки, отец, я думаю, было бы лучше, если бы вы лично поговорили с ним.

Якити и Эцуко становились союзниками. Их союз основывался не на взаимной выгоде, как бывает между державами, а на ревности — вот где таилась опасность. Когда все разбрелись по своим комнатам, Якити велел Эцуко отнести в комнату Кэнсукэ целых две меры отборных каштанов.

* * *

Занимаясь приготовлением обеда, Эцуко разбила маленькую чашку и несильно обожгла палец. Когда рис получался мягким, Якити нахваливал его; а когда твердоватым, он говорил, что рис невкусный. Одним словом, приготовленные Эцуко блюда он хвалил не за вкус, а за мягкость.

В дождливые дни веранда, где готовили в хорошую погоду, была закрыта. И Эцуко пошла на кухню. Чтобы рис, приготовленный накануне, сохранил вкус, Миё не переложила его в коробочку, а оставила в кастрюле. Эцуко поняла, что на кухне хозяйничала Миё. Угли потухли.

Она пошла к Тиэко за горящими углями, чтобы затопить печь. И пока несла их, обожгла средний палец.

Боль раздражала Эцуко. Вскрикни она от ожога, Сабуро все равно не прибежит на помощь. А вот Якити примчался бы на ее голос, сверкая из-под кимоно голыми уродливыми и дряблыми ногами; кинулся бы к ней, чтобы спросить: «Что случилось?» Нет, Сабуро не прибежал бы. Вдруг ее стал разбирать идиотский смех. «Неужели Якити примчится?» Она прищурила глаза, как бы выражая сомнение. Он не станет смеяться вместе с ней. Он будет пытать ее вопросами, чтобы выяснить причину смеха. В его возрасте не смеются без всякого стеснения с женщиной. Он был ее эхом, ее отзвуком, а она была женщиной, которую никому в голову не придет назвать старой.

Кое-где на земляном полу образовались лужицы. Тусклый солнечный луч, просачиваясь сквозь стекло на дверях, лениво поблескивал в луже дождевой воды. Эцуко была в промокших липких гэта[1] на босу ногу. Она облизывала кончиком языка обожженный палец, рассеянно поглядывая в дверной проем. В ушах до сих пор шумел дождь.

* * *

Что ни говори, а повседневная жизнь полна мелких постоянных забот. Попробуй-ка уследи за руками Эцуко, работающими без устали. Она ставила на огонь кастрюлю. Наливала воду. Сыпала сахар. Резала кружочками сладкий картофель. Сегодня на обед Эцуко приготовила толченый батат, купленный в Окамати мясной фарш, жаренные на сливочном масле грибы хацутакэ, подливку из тертого мяса с приправами. Эцуко выглядела рассеянной и в пылу воодушевления далеко уносилась мыслями.

«День проходит без особых страданий. Почему? И вправду, меня ничто не мучит. Наверное, боль превратила мое сердце в лед, крепко сковала ноги, заставляет дрожать руки. Кто же я, кто? Вот сейчас я готовлю обед. Зачем я делаю все это? Холодный рассудок, точно попадающие в цель предсказания, отмеренные на весах логики и способности суждения, — вот что мне нужно сейчас и впредь... Беременность Миё, должно быть, ставит послед-

[1] Деревянная обувь.

нюю точку! Однако чего-то еще не хватает. Для полноты, для совершенства должно произойти что-то ужасное. Что?..

А пока я должна хладнокровно следовать тщательно продуманному решению. Когда я вижу Сабуро, меня пронзает боль. Никакой радости. Однако если я не вижу его, то не могу без него жить дальше. Сабуро должен уйти отсюда. Это значит, что он должен жениться. На мне? Что за безумство! Конечно, на Миё, на этой деревенской дуре, на этом перезрелом помидоре. На этой паршивой девчонке, смердящей мочой! Вот тогда-то мои страдания закончатся. Моим мучениям придет конец... Я выпью эту чашу до последней горькой капли.

Неужели я вздохну тогда с облегчением? Неужели в одно мгновение придет долгожданный покой? Буду цепляться за него. Буду верить этой лжи...»

Эцуко стояла у окна, слушая щебетание синиц. Она прислонилась к стеклу головой, наблюдая, как птичка отряхивает мокрые перышки. Черные блестящие глазки время от времени вспыхивали из-под тонких белых век. На горлышке распушилось оперение — полилось нетерпеливое, нервное щебетание. Внимание Эцуко привлекла светлая полоса на горизонте. Между тем начинало накрапывать... Вдруг на окраине сада ярко озарилась каштановая роща, словно в глубине темного храма открылся золотой алтарь.

* * *

Дождь прекратился после полудня.

Якити вышел в сад, чтобы подвязать розы. Ливнем посносило подпорки, и цветы повалило наземь. Эцуко вышла следом за ним. Среди сорняков в мутных лужах ничком лежали розы, распластав на воде бордовые лепестки, — они словно бы отмучились, отстрадали.

Эцуко приподняла один стебель, бережно подвязала его к деревянной подпорке. К счастью, он не был сломан. Ее пальцы ощутили тяжесть безмятежных лепестков. Якити гордился цветами. Эцуко прикасалась к ним, заглядывая внутрь тугих бутонов, — они притягивали свежестью и ароматом.

Якити подвязывал кусты молча, он был угрюм, словно его жгла какая-то обида. В высоких резиновых сапогах и армейских брюках, он ухаживал за розами, не разгибая спины. Молчаливость и бесстрастное выражение на лице еще больше выдавали в нем крестьянское происхождение. В такие часы Эцуко проникалась любовью к Якити.

И тут показался Сабуро. Он шел по гравийной дорожке.

— Я не заметил, когда вы ушли. Извините! Давайте я закончу работу, — обратился к ним Сабуро.

— Да мы уже закончили. Не беспокойся, — ответил Якити, не поднимая головы.

На темноватом лице Сабуро вспыхнула улыбка, когда он взглянул на Эцуко из-под огромной соломенной шляпы, сквозь рваные и перекошенные поля которой проникали лучи закатного солнца, усеивая лицо светлыми крапинками. Улыбка обнажила его белые зубы. Они были ослепительно-белы, — казалось, что их омыло дождем. Эцуко привстала от неожиданности, зажмурилась.

— Ага, ты как раз вовремя. Я хотела поговорить с тобой. Давай пройдемся вдвоем.

Эцуко еще никогда не приходилось разговаривать с Сабуро в присутствии Якити таким благожелательным тоном. Она произносила слова естественно, без всякой робости. Случись постороннему услышать их, он мог бы расценить это как недвусмысленное предложение. Эцуко закрыла глаза на свою жестокую участь — ее ожидала миссия, от предвкушения которой ее переполняла радость.

Сабуро недоверчиво посмотрел на Якити. Однако Эцуко взяла его под локоть и повела к дому Сугимото.

— Вы куда собрались? Посекретничать? — раздался за их спинами неприятный голос Якити.

— Да! — ответила Эцуко.

Ее односложный ответ — импульсивный и почти бессознательный — лишал Якити возможности присутствовать при разговоре.

— Куда ты собрался? — начала она с бессмысленного вопроса.

— Я хотел отправить письмо.

— Какое письмо? Покажи-ка мне, будь добр.

Сабуро простодушно протянул открытку, свернутую в трубочку. Это был ответ на письмо его друга из родной деревни. От силы в четырех или пяти строках, написанных большими корявыми иероглифами, он сообщал о последних событиях: «Вчера у нас был праздник. Я тоже хорошо погулял с ребятами. Было очень шумно! До сих пор ломит тело. Мы погуляли на славу, было очень весело».

Эцуко пожала плечами. Рассмеялась.

— Да, немудреное письмецо, — сказала она, возвращая открытку.

Ее комментарий, видимо, огорчил Сабуро. Тень недовольства пробежала по его лицу.

Гравийная дорожка проходила под кленами. Она была забрызгана каплями дождя и сияла солнечными пятнами. В кроне деревьев кое-где полыхали алые листья. Неожиданно прояснилось небо, затянутое до этого облаками, которые, как говорят, предвещают хороший улов иваси.

Это удовольствие, когда не хочется говорить, эта полнота молчания, которое не нуждается в слове, обернулись в душе Эцуко смятением. Ей была дарована краткая передышка перед тем, как страдания обретут законченную форму. Эцуко удивлялась: «Откуда эта радость? Долго ли будет продолжаться этот нелепый разговор? Неужели я никогда не приступлю к главному и неприятному?»

Они перешли через мост. Вода в реке поднялась. В стремительных мутных потоках кое-где проглядывали густые речные травы — они развевались по течению, словно волосы. Свежие зеленые травы то исчезали в глубине, то снова появлялись на поверхности. Пройдя сквозь бамбуковую чащобу, они вышли на тропинку, которая пробегала через залитые обильными дождями рисовые поля. Сабуро остановился, снял шляпу.

— Ну ладно, я пошел, — сказал он.

— Письмо отправить?

— Угу.

— Но мы ведь еще не поговорили. Позже отправишь.

— Ладно.

— Если идти по этой дороге, то можно встретить много знакомых. Будет неловко, если нас увидят. Давай пойдем в сторону шоссе?

— Угу.

В глазах Сабуро вспыхнуло беспокойство. Эцуко было трудно, преодолевая отчуждение, начать разговор. Впервые в жизни Сабуро почувствовал близость ее тела, близость ее слов. От смущения он потер спину.

— Что с твоей спиной? — спросила Эцуко.

— На празднике немного поранился.

— Сильно болит? — нахмурив брови, вновь спросила она.

— Да нет, уже не сильно, — живо ответил Сабуро.

«У молодых любая царапина заживает как на кошках», — подумала Эцуко.

Вдоль тропинки стояли мокрые травы. Было топко, ноги увязали в грязи. Вскоре тропинка начала сужаться — идти плечом к плечу стало тесно. Подоткнув подол платья, Эцуко пошла впереди. Вдруг она заволновалась — идет ли Сабуро следом? Она хотела было позвать его по имени, но подумала, что это будет неловко. Она не решилась даже оглянуться.

— Что это было, велосипед? — спросила Эцуко, повернувшись лицом к нему.

— Нет.

Их глаза встретились.

— А мне послышался велосипедный звонок, — сказала она и глянула вниз. Его большие и неуклюжие ноги — такие же босые, как и ее, — были заляпаны болотной грязью. Эцуко вдруг успокоилась.

Автомобильного шума на шоссе по-прежнему не было слышно. Асфальт высыхал быстро, но местами стояли лужи, в которых отражались облака: казалось, по краям их обвели белым мелом.

— Говорят, Миё забеременела. Ты уже знаешь? — спросила Эцуко, шагая рядом с ним.

— Да, я слышал.

— Кто тебе сказал?

— Миё сказала.

— Понятно.

Эцуко почувствовала, как в груди забилось сердце. Она должна была услышать сейчас мучительную правду из уст Сабуро, в глубине души надеясь, что Сабуро приготовил хотя бы правдоподобные объяснения. Например, он мог бы сказать, что любовник Миё — парень из Майдэн, что он хулиган; что он предостерегал Миё, однако она не вняла его словам. Или, например, он мог бы сказать, что она спуталась с женатым мужчиной из кооператива...

Эцуко металась от надежды к отчаянию, она перебирала в уме всевозможные варианты, каждый из которых повергал ее в трепет, но главный, неизбежный вопрос бесконечно оттягивала, словно он застрял поперек горла. Пока они вдвоем молча шли по безлюдной велосипедной тропинке, все эти прозрачные намеки, словно мириады мельчайших частиц, оживленно и незаметно носились в промытом дождем воздухе, стремясь образовать новые соединения, — она чувствовала их носом, они щекотали ей ноздри, заставляя разгораться щеки.

— Ребенок Миё, он что... — вдруг произнесла Эцуко, — он чей? Кто его отец?

Сабуро не отвечал. Эцуко ждала ответа. Он продолжал молчать. Молчание затягивалось, становясь невыносимым. Эцуко мучительно ждала. Украдкой она взглянула на Сабуро — соломенная шляпа отбрасывала на его лицо тень, вычерчивая угловатый профиль.

— Этот ребенок твой?

— Думаю, мой.

— Ты в этом уверен или сомневаешься?

— Нет.

Сабуро покраснел. Он сделал усилие улыбнуться, но улыбка замерла в уголках рта.

— Он мой.

От неожиданности Эцуко прикусила губу. Где-то в тайниках души она еще надеялась, что вначале он будет выдумывать всякие оправдания, все отрицать и лгать — хотя бы из вежливости. В один миг умерла слабая надежда, в которой Эцуко прятала свои страхи. Наверняка Сабуро не смог бы откровенно признаться, если бы Эцуко занимала в его сердце хоть какое-то место. То, что отцом ребенка был Сабуро, — этот факт был неоспорим для Якити и Кэнсукэ, а также очевиден для Эцуко; но он еще больше уверял ее в том, что Сабуро станет отрицать свое отцовство от страха или стыда.

— Хорошо, — сказала Эцуко усталым голосом. — Так, значит, ты любишь Миё?

Сабуро не понимал смысла ее слов, которые были за границами его словарного запаса. Эти слова принадлежали речи высшего сословия — как вещи, создаваемые на заказ. Он не слышал в них сердечности, они были излишни, звучали нескладно. Его связь с Миё ни в коем случае не могла быть продолжительной — их отношения были искренними, но скоротечными. Так два компаса реагируют друг на друга только на определенном расстоянии, но достаточно его увеличить — и взаимодействие прекращается. Слово «любовь» было неуместно в их отношениях.

Он предполагал, что Якити, вероятно, пресечет их связь. Однако эта мысль нисколько не тревожила его. Даже когда стало известно о беременности Миё, отцовское чувство не пробудилось в этом молодом садовнике.

Настойчивые расспросы Эцуко заставляли его кое-что вспомнить. Однажды — это было через месяц после приезда Эцуко в Майдэн — Якити послал Миё за лопатой в амбар. Лопату привалило старым столом. Тогда она позвала на помощь Сабуро. Он поднатужился изо всех сил. Миё взялась руками за край стола, чтобы помочь; при этом ее лицо оказалось под локтем у Сабуро. Он почувствовал сильный запах крема, перемешанный с запахом амбарной плесени. Освободив лопату, он протянул ее Миё. Она растерянно взглянула на Сабуро, будто бы забыв про лопату. Сабуро обнял Миё без тени смущения.

Может быть, это и есть любовь?

В другой раз, когда заканчивался сезон «сливовых дождей», превративший его в затворника, он как-то ночью вдруг ни с того ни с сего выпрыгнул из окна и босиком помчался под дождем в сторону спальни Миё. Обежав дом, постучал в окно. Его глаза уже привыкли к темноте, поэтому он отчетливо увидел, как за окном мелькнуло заспанное лицо. Миё прильнула к стеклу — сначала она заметила белый ряд зубов, а потом лицо Сабуро, укрытое теменью. Она, обычно неповоротливая днем, проворно отбросила одеяло и вскочила на ноги. На груди распахнулась ночная рубашка, обнажив грудь. Соски были напряжены, словно натянутый лук. Миё осторожно открыла окно, стараясь не хлопнуть ставнями. Они столкнулись лицами.

Он молча показал на грязные ноги. Она побежала за тряпкой, оставив Сабуро сидеть на подоконнике. Потом собственными руками вытерла его ноги.

Может, это и есть любовь?

В одно мгновение в памяти Сабуро промчалась вереница воспоминаний. Он испытывал к ней влечение, это правда; но о любви он не мог и помыслить. Весь день он предавался мечтаниям: то собирался полоть траву на поле; то придумывал, как попасть в военно-морской флот, если вновь начнется война; то фантазировал на тему всяких пророчеств буддийской секты Тэнри, представляя, как в последний день мира на алтарь посыпется небесная манна; то его носило по горам и долам, при воспоминаниях о веселых годах учебы в начальной школе; то ждал, когда наступит время ужина; мысль о Миё занимала не больше сотой доли всех его мыслей.

Он хотел Миё, но чем больше он думал о ней, тем неопределенней становилась эта мысль, которая была сродни мысли о голоде. Невозможно было представить, чтобы у такого крепкого парня, как Сабуро, проходила в душе угрюмая борьба со своими желаниями.

Вот почему вопрос Эцуко был за пределами его понимания, этот вопрос озадачил Сабуро. Немного подумав, он отрицательно покачал головой:

— Нет.

Эцуко не поверила своим ушам.

Вспышка радости озарила ее лицо. Сабуро не смотрел на нее; он провожал взглядом поезд на Ханкю, который мелькал вдалеке за деревьями. Если бы он увидел выражение ее лица, то наверняка забрал бы свое слово обратно, не раздумывая.

— Если ты не любишь ее... — выделяя каждое слово, медленно говорила Эцуко, — то, значит, ты говоришь правду... — продолжала она настойчивым тоном. (Она хотела, чтобы он еще раз для достоверности произнес: «Нет!») — Не имеет значения — любишь ты ее или не любишь. Важно то, что ты сейчас чувствуешь и говоришь об этом. Так, значит, ты все-таки не любишь Миё?

Едва ли Сабуро вникал в смысл ее слов. «Любишь, не любишь — что за ерунда, — думал он. — Непрестанно пережевывает одно и то же, будто эти слова могут перевернуть мир».

Он засунул руки поглубже в карман, нащупал на дне кусочки сушеного кальмара, которым вчера ночью закусывал саке во время праздника. «А что, если я начну жевать щупальца кальмара прямо у нее на глазах? Интересно, какое будет выражение лица у госпожи?» — подумал он. При взгляде на серьезную и озабоченную Эцуко у него возникла озорная мысль посмеяться над ней. Сабуро достал из кармана кусочек кальмара, щелкнул пальцами и, словно обрадованный пес, поймал его ртом.

— Нет, не люблю, — простодушно сказал он.

Надо же — месть привела Эцуко к Миё, чтобы поведать ей о том, что Сабуро ее не любит, а оказывается, эти незадачливые любовники даже не удосужились выяснить между собой, любят они друг друга или нет!

Затянувшиеся страдания что-то меняют в человеке. Он уже не может не доверять простой радости.

Эцуко смотрела на вещи глазами такого человека. Невольно она заняла позицию Якити. Она думала, что, независимо от того, любит ли Сабуро Миё или не любит, он должен жениться на ней.

Это ханжество прикрывалось маской высоконравственных суждений: мол, «мужчина должен нести ответственность за женщину, если она забеременела от него; он должен жениться на ней, если даже она нелюбима». Она испытывала необъяснимое удовольствие, подвергая Сабуро нравственному давлению.

— Ты поступил как негодяй! — сказала Эцуко. — Женщина, которую ты не любишь, зачала по твоей прихоти. Теперь ты обязан на ней жениться.

Сабуро поднял на Эцуко пронзительно-красивые глаза, но тон ее речи стал еще строже.

— Тебе не отвертеться от ответственности. В доме Сугимото всегда относились к молодым снисходительно, но такого никто не позволит! Что касается твоей женитьбы, то на ней настаивает хозяин. У тебя нет выбора.

Сабуро не ожидал, что все может обернуться женитьбой. Запретить встречаться — это самая крайняя мера, которую он мог предположить. Однако если хозяин велел жениться, значит так тому и быть. Сабуро беспокоило только одно: что скажет его сварливая мать?

— Я хотел бы посоветоваться со своей матерью.

— А как ты сам настроен? — донимала Эцуко.

— Если хозяин велел взять Миё в невесты, значит я так и поступлю, — сказал Сабуро. Это решение для него ничего не значило.

— Ну, тогда все хлопоты я беру на себя, — радостно сказала Эцуко.

Проблема разрешилась очень просто, а Эцуко была опьянена намерением поженить Сабуро вопреки его желанию. Может быть, она поступала словно женщина, которая от несчастной любви заливает свое горе вином? Это вино приносило не столько опьянение, сколько забвение. Оно не обостряло зрение, а вызывало слепоту. Одним словом, это опьянение обнаруживало всю убогость ее замысла. А может быть, это опьянение было вызвано ее бессознательным планом уберечься от ударов судьбы?

Сами слова «женитьба» и «замужество» вызывали в Эцуко непонятный ужас. Она предпочла бы осуществить этот отвратительный план руками Якити, волей его авторитета, от которого она полностью зависела, — так ребенок, напуганный ужасным зрелищем, прячется за спиной взрослого.

Навстречу им выехали два больших красивых автомобиля — они появились в том месте, где дорога со станции Окамати, поворачивая направо, соединяется с шоссе. Один автомобиль был жемчужно-белого цвета, а другой — бледно-голубой «шевроле» 1948 года. Бархатно урча моторами, они промчались, едва не задев их. В первом автомобиле ехали парень и девушка — ехали и смеялись. Из кабины неслись джазовые мелодии. Они еще долго звучали в ушах Эцуко. Шофером второго автомобиля был японец, позади него неподвижно сидела пожилая пара — рыжие пряди волос, острый, пронзительный взгляд, как у хищных экзотических птиц.

Сабуро проводил их удивленным взглядом.

— Видимо, они возвращаются в Осаку, — предположила Эцуко. И ей тотчас вспомнился шум большого города, будто бы эти звуки долетели оттуда с попутным ветром.

Эцуко понимала, что для тех, кто живет в деревне и не имеет возможности уехать, город представляется просто скопищем домов, где можно увидеть множество диковинных вещей. Но кого это может прельстить?

Эцуко нестерпимо захотелось взять Сабуро под руку. Прильнув к его руке, покрытой золотым пушком, она могла бы идти куда угодно. Ей тут же представилось, будто они в Осаке — самом оживленном, самом суматошном месте! Идут под напором людских волн, с удивлением оглядываясь по сторонам. Кажется, с этого мгновения начнется настоящая жизнь Эцуко...

Возьмет ли Сабуро ее под руку?

Но ему, бесчувственному деревенщине, было скучно со взрослой вдовой. Она молча шла рядом с ним, прижимаясь к его плечу. Он с любопытством взглянул на странный узел прически — волосы были хорошо уложены и источали аромат духов. Сабуро не догадывался, что она ради него каждое утро тщательно укладывает волосы. Даже в мечтах он не мог представить, что в этой женщине, высокомерной и отчужденной, могло таиться бредовое желание взять его под руку.

— Что, будем возвращаться?

Эцуко жалобно взглянула на него. Глаза, увлажненные слезами, сияли в синеватой дымке, словно в них отражалось вечернее небо.

— Уже поздно, госпожа.

Они зашли намного дальше, чем предполагали. Вдалеке виднелся лес, погруженный в сумрак; над ним, поблескивая в закатном солнце, возвышалась крыша дома Сугимото.

Минут через тридцать они были дома.

* * *

Начались новые страдания Эцуко. Это были страдания неудачницы, которая на протяжении всей жизни стремилась добиться успеха. И вот в тот момент, когда она приблизилась к цели, ее встречают смертельная болезнь, страдания и смерть. Выходит, вся жизнь потрачена на то, чтобы умереть в мучениях — пусть даже в превосходном госпитале, в отдельной палате. Такие шутки Всевышнего нам понять не дано!

Со сладостным замиранием сердца Эцуко приготовилась ждать, когда же несчастье настигнет и Миё: когда же их брак без любви завершится катастрофой — как и ее собственный. Чтобы увидеть это своими глазами, она готова ждать, пока не поседеет. Эцуко уже не желала оказаться в роли любовницы Сабуро. Ей нужно было только одно — чтобы Миё томилась, страдала, теряла надежду, сохла у нее на глазах. Эта дурнушка просчиталась, вне всякого сомнения.

Якити выслушал Эцуко. Отношения между Сабуро и Миё были преданы огласке. Чтобы предотвратить деревенские пересуды, Якити объявил: «Они женятся!» Однако, в соответствии с заведенным в доме Сугимото порядком, их спальни оставались раздельными — только через неделю им было позволено жить в одной комнате.

* * *

Неделю спустя, двадцать шестого октября, Сабуро собирался на Осенний фестиваль в Тэнри — там он встречался с матерью. Все формальности были улажены, и начались приготовления. Якити выступал в роли свата. Он отдавал распоряжения, с воодушевлением руководил предсвадебными приготовлениями. Добрая старческая улыбка не сходила с его лица — такого раньше никто за ним не замечал. Всем своим видом он давал понять недвусмысленность дружеских отношений между Сабуро и Миё. Он был снисходительным, смотрел на все сквозь пальцы. Однако в его новой манере обхождения чувствовалось, что его не покидает мысль об Эцуко.

Кажется, это длилось недели две. О, какие это были дни! Эцуко вновь и вновь вспоминала те бессонные ночи в конце лета, в преддверии осени, когда ее муж не возвращался домой несколько ночей подряд. Она прислушивалась к шагам на улице — каждый шаг отзывался в ней мучительной болью. Днем она проводила время в сомнениях — позвонить или нет? Несколько дней она не могла есть, ложилась спать на голодный желудок, выпив только стакан воды. Однажды утром, хлебнув натощак воды и почувствовав, как в ее тело стал проникать холод, она решила отравиться. Представив, как растворенные в воде белые кристаллы яда просачиваются во все ткани ее организма, Эцуко залилась слезами, но в них не было ни капельки печали; напротив, она испытывала нечто похожее на восторг.

С новой силой ее стали одолевать наблюдавшиеся прежде симптомы: внезапно она покрывалась гусиной кожей до самых запястий и дрожала, как от холода. Причина всего этого была непонятна. Нечто подобное должен испытывать смертник в тюремной камере.

Но если раньше ее страдания были вызваны отсутствием Рёсукэ, то теперь их причиной стало присутствие Сабуро. Весной, когда тот уезжал в Тэнри, она питала к нему сильное чувство привязанности; а теперь, когда он находился рядом, все было иначе. Однако сейчас она была связана по рукам и ногам. Вынужденная наблюдать за близкими отношениями между Сабуро и Миё, она не могла пошевелить и пальцем. Это наказание стоило всех бед. Она сама накликала этот ад. Теперь она ненавидела себя за то, что не посоветовала Якити уволить Сабуро и принудить Миё сделать аборт. Ее раскаяние было настолько бурным, что в любой миг земля могла разверзнуться под ее ногами. Намерение расстаться с Сабуро обернулось для нее невыносимыми страданиями.

Но эта боль была ожидаемой, Эцуко была готова к ней, она желала ее, разве не так?

Пятнадцатого октября открывался фруктовый рынок. Отборные фрукты отправлялись в Осаку. Накануне, тринадцатого, выдалась ясная погода, и семья Сугимото занималась сбором хурмы вместе с семьей Окура и работниками. В отличие от других фруктов, урожай хурмы удался на славу.

Сабуро залезал на деревья, а Миё стояла внизу в ожидании, когда фруктами наполнится подвешенная к ветвям корзина, чтобы потом подать пустую. Деревья сильно раскачивались. Снизу казалось, что из стороны в сторону раскачиваются не деревья, а голубое ослепительное небо, которое проглядывало сквозь ветви.

— Полная! — крикнул Сабуро.

Корзина, наполненная сверкающими фруктами, ударилась о нижние ветви и опустилась прямо в руки Миё. Она спокойно поставила корзину на землю, затем взяла пустую и подала наверх. На ней были женские шаровары. Она стояла, широко расставив ноги.

— Поднимайся сюда! — позвал Сабуро.

— Иду! — откликнулась Миё.

Она с удивительной ловкостью взобралась на дерево. В кроне деревьев слышались их голоса. Голова Эцуко была покрыта платком, а рукава кимоно подвязаны тесемками. С пустыми корзинами в руках она подошла поближе. Сабуро шутливо отбивался от Миё, пытаясь оторвать от ветки обе ее руки. Миё вскрикивала, хваталась за висящие перед ее глазами ноги Сабуро. Они не замечали Эцуко.

Тем временем Миё укусила Сабуро за руку. Тот шутливо выругался. В тот же миг Миё изловчилась и, перемахнув через ветку, забралась выше Сабуро. Теперь она пыталась толкнуть его. Сабуро протянул руку и схватил ее за колено. Все это время ветки на дереве непрерывно раскачивались, трепет листвы передался соседним деревьям, на деревьях было еще полно хурмы.

Эцуко закрыла глаза, повернулась и пошла прочь. Ее пробрала дрожь. Раздался лай Магги.

Перед входом в кухню была расстелена циновка. На ней сидел Кэнсукэ, рядом расположились Асако и жена господина Окуры. Они сортировали хурму. Кэнсукэ никогда не упускал возможности увильнуть от тяжелой работы.

— Эцуко, а где хурма? — спросил он. Она не отвечала.

— Что случилось? Ты побледнела, — вновь спросил он.

Эцуко молча прошла через кухню, вышла на задворки. В каком-то беспамятстве она укрылась под тенью дуба, выронила пустые корзины и обеими руками закрыла лицо.

* * *

Вечером, во время ужина, Якити весело рассказывал: «Сабуро и Миё — словно два маленьких щенка. За шиворот Миё заполз муравей. Она стала пищать. Я был как раз рядом, но вытаскивать муравья — святая обязанность Сабуро. Он подошел к ней с таким угрюмым видом — ну все равно что та несмышленая обезьянка в цирке! И сколько ни шарил рукой, муравья так и не нашел. Мы уж стали сомневаться: „А был ли муравей?" Однако тут Миё так и покатилась со смеху, словно ее щекотали. Правду ли говорят, что если беременная сильно смеется, то может случиться выкидыш? А Кэнсукэ утверждает, что смех беременной оказывает хорошее влияние на развитие ребенка после рождения, мол, таким образом ему словно делают массаж в утробе матери».

Рассказ Якити, сцена в саду — все, вместе взятое, вызвало в Эцуко острый приступ боли, будто каждую клеточку ее тела пронзили иглами: боль поглощала ее, словно река, затапливающая рисовые поля. Видно, ее душе стало совсем невмоготу.

«Что случилось? Вот-вот пойдет ко дну ваш корабль. А вы даже никого не звали на помощь! Вы проклинали корабль вашей души, а теперь лишились и гавани. Пришло время перебираться вплавь через это море, в одиночку, собственными силами. Все, что вас ожидает впереди, — это смерть. Вы этого хотели?»

Боль, только боль могла послать этот сигнал. Вероятно, именно в тот момент, когда плоти нужно было опереться на дух, он внезапно утратил силу. Отчаяние Эцуко было похоже на большой стеклянный шар, который подкатывал к горлу, вызывая приступ удушья. Казалось, что от отчаяния начинает лопаться голова.

«Я никогда никого не позову на помощь, — думала Эцуко. — Во что бы то ни стало я должна это пережить. Во что бы то ни стало... Я должна смириться с этим — во что бы то ни стало... Закрыв глаза, я должна стерпеть эту боль, научиться наслаждаться ею. Тот, кто промывает золотоносный песок, ищет только золото. Иначе не стоит и пытаться. Он должен слепо копать речное дно, даже если не знает, есть ли там золото или нет. Никто не может знать заранее, повезет ли ему в будущем. Только в одном можно быть уверенным: тот, кто не промывает песок, никогда не станет богатым и будет довольствоваться нищенским счастьем».

Эцуко одолевали мысли: «Выпить всю реку, впадающую в океан, — вот что может привести к счастью! Это то, чем я до сих пор занималась; думаю, что я буду этим заниматься и впредь. Я выдержу!»

Беспредельные страдания, которые выносит человек, заставляют поверить в его бессмертие. Разве в этом нет зерна истины?

* * *

За день до открытия фруктового рынка Окура и Сабуро занимались погрузкой товара для отправки. По завершении этой работы Якити смел в кучу разбросанные по всему двору обрывки бумаги, солому, листья, веревки, сломанную корзину. Он поджег мусор и велел Эцуко следить за костром. Повернувшись к ней спиной, Якити продолжал убирать оставшийся хлам.

К вечеру поднялся густой туман. Сумерки, казалось, наступили раньше обычного. Нельзя было отличить вечернюю полутьму от тумана. Блеклым пятном просвечивал сквозь мглу мрачный, задымленный закат — казалось, что на серой промокашке выступили капельки солнечных бликов.

Даже на мгновение Якити не оставлял Эцуко в одиночестве. Почему — непонятно. Может быть, он боялся потерять ее из виду в этом тумане, если отойдет в сторону на несколько шагов? В сумерках красиво играло пламя костра. Эцуко стояла неподвижно, изредка подбирая граблями разбросанную вокруг костра солому. Пламя льстиво подкрадывалось к ее рукам...

Подметая мусор, Якити двигался вокруг Эцуко. Кольцо мусора медленно сужалось. Украдкой он поглядывал на невестку. Несмотря на то что было довольно тепло, Эцуко отложила грабли и протянула руки прямо в высокое пламя костра, где ярко полыхала и потрескивала сломанная бамбуковая корзина.

— Эцуко!

Бросив метлу, Якити подбежал к Эцуко, схватил ее и оттащил в сторону. Пламя обожгло ей ладони. Ожог был сильным — гораздо сильней, чем в прошлый раз ожог пальца. Некоторое время она не могла двигать правой рукой. Нежная кожа на ладони покрылась волдырями. Потом рука ныла всю ночь, хоть и была смазана маслом и забинтована. Эцуко не могла уснуть.

Якити с ужасом вспоминал мгновение, когда Эцуко поднесла руку к пламени. Она без страха смотрела на огонь, без боязни протянула в костер руку. Откуда пришло это спокойствие — спокойствие глиняного изваяния? Это было спокойствие женщины, неприступной как скала; женщины, в которой бушуют страсти. Если бы Якити не закричал, тогда она бы и ожог не получила. Его голос вывел Эцуко, как лунатика, из забытья — из того состояния равновесия, в котором пребывала ее душа. Кажется, и боль она ощутила позже.

Якити паниковал: его пугала забинтованная рука Эцуко. Глядя на ее руку, он ощущал жжение на собственной ладони. Не такой уж она была рассеянной. Ее ожог не был простой случайностью. Недавно обожгла палец, вряд ли нарочно. Не успела зажить эта рана, как пришлось забинтовать всю руку.

В молодости Якити любил щеголять своим умом перед друзьями. Он говорил, что женский организм состоит из множества заболеваний, и весьма гордился своим открытием. Например, один его приятель женился на женщине, которая страдала странными желудочными болями, но вскоре после свадьбы боли прекратились. Потом начались приступы мигрени. Муж завел любовницу. Жена почувствовала измену. Головные боли прошли бесследно, но вместо них возобновились боли в животе. Год спустя она умерла от рака желудка. Никто не может достоверно сказать, когда женщина болеет, а когда симулирует болезнь. Думаешь, она лжет, и вдруг оказывается, что она беременна или умирает.

«Это чисто женское, — думал Якити. — Мой друг юности Карадзима был большим любителем женщин. Его жена по оплошности разбивала каждый день по одной тарелке. Она удивлялась: с чего вдруг стала такой неловкой? Казалось, это была чистая случайность, ведь об изменах мужа она не знала».

Да и сам Якити однажды утром, подметая бамбуковой метлой двор, уколол палец, но не придал этому значения. Палец стал нарывать, потом заноза вышла вместе с гноем и рана зажила. Якити никогда не пользовался лекарствами.

Якити видел, как страдает Эцуко днем; а по ночам он чувствовал, что она не может заснуть рядом с ним. Он все чаще приставал к ней с ласками. Естественно, он ревновал ее к Сабуро, поглядывал на него с завистью, но в то же время осознавал всю безнадежность неразделенной любви Эцуко. И все-таки в его сердце была капля благодарности за то, что ревность давала стимул к физической близости, которая порой завершалась счастливыми мгновениями.

Он намеренно разжигал в ней ревность, пересказывая сплетни о Сабуро и Миё, при этом не стеснялся приукрашивать. Видя ее мучения, он понимал всю странность ее любви и всю парадоксальность их собственной близости. Из страха потерять Эцуко он, однако, не слишком-то увлекался этими играми — умел вовремя прикусить язык. У нее было то, без чего Якити уже не мог обойтись.

Эцуко была своего рода прекрасной экземой. В свои старческие годы Якити быстро привык к этому сладкому зуду.

Если бы Якити был сдержан в разговорах о Сабуро и Миё, если бы он проявлял немного больше сочувствия к Эцуко, то это, наоборот, вызвало бы в ней обеспокоенность и подозрение — действительно ли все идет так, как было задумано?

* * *

Один раз в неделю все семейство Сугимото устраивало купание. Первым в офуро ходил Якити. Обычно его сопровождала Эцуко, но сегодня она отказалась идти купаться из-за простуды. Якити пришлось мыться в одиночестве.

Все женщины семьи Сугимото собрались на кухне. В одно время мыли посуду Эцуко, Тиэко, Асако, Миё и даже Нобуко. Эцуко обмотала вокруг шеи белый шелковый шарф — из-за простуды.

Асако вдруг завела разговор о муже — он до сих пор не вернулся из Сибири.

— Я не получаю писем уже с августа. Я, конечно, знаю, что он не любит писать, ничего не поделаешь, но все-таки уж один раз в неделю мог бы сподобиться на письмо. Конечно, любовь между супругами выражается не только в словах. Японские мужчины делают огромную ошибку, когда избегают слов, чтобы выразить свои чувства.

Тиэко стало смешно. Она представила себе, как бы отреагировал на это заявление своей жены Юсукэ, долбя землю на двадцатиградусном морозе.

— Если бы он писал письма хотя бы раз в неделю, то навряд ли смог бы отправлять их. Может быть, Юсукэ и пишет письма, да их не отправляют?

— Интересно, куда же они все пропадают?

— Наверное, их отдают русским вдовам.

Тиэко поняла, что дала маху, — ее неудачная шутка могла задеть за живое Эцуко; но Асако приняла ее слова всерьез. Ее глупая реплика исправила положение:

— Может быть, и так, но ведь они не умеют читать по-японски.

Тиэко оставила ее слова без внимания. Она стала помогать Эцуко мыть посуду.

— У тебя повязка уже намокла, давай помогу.

— Спасибо.

На самом деле Эцуко было трудно оторваться от механической работы — она машинально мыла тарелки и чашки, испытывая настоящую жажду, чувственное возбуждение. Она с нетерпением ожидала, когда на руке заживет рана, чтобы вновь отдаться повседневным механическим занятиям — стирке, уборке, шитью. Она хотела сшить для себя одежду, а для Якити — осеннее кимоно. На удивление всем она сошьет это кимоно очень быстро: игла в ее пальцах будет просто порхать.

Кухня освещалась одной голой лампочкой — тусклой двадцативаттной. Она висела под закопченным потолком, а прикреплялась к балке. В этой кухне женщины вынуждены были заниматься стиркой. Они склонялись над раковиной и над собственными тенями. Эцуко, облокотившись на подоконник, уставилась на Миё. Та мыла посуду, стоя к ней спиной. Под простым муслиновым поясом, который давно вылинял, выпирали располневшие бедра.

«Ну и вид! Вот-вот снесет яйцо. Эту девку хоть бы раз стошнило, как всех нормальных беременных. Летом она носит платье без пояса с короткими рукавами, но при этом ей не придет в голову мысль побрить подмышки. Когда потеет, вытирает их прямо на людях...»

Располневшие бедра напоминали созревший фрукт. Они были упруги, как массивная пружина. Такой упругостью бедер Эцуко обладала только один раз в жизни. Эта тяжеловесность, эта объемность, эта массивность вызывала ассоциации с цветочной вазой, наполненной водой...

И все это сотворил какой-то Сабуро. Этот молодой работник весьма старательно засевал свое поле, тщательно ухаживал за ним. По утрам, когда лепестки тигровой лилии еще мокры от росы и льнут друг к другу, словно не могут расстаться, к его груди прижимаются ее груди, ее соски; их соски слипаются, тоже мокрые.

Эцуко слышала голос Якити. Он громко говорил из ванной комнаты, которая примыкала к кухне. Сабуро находился во дворе. Он выполнял обязанности истопника. Шумный плеск воды напоминал ей о старческом костлявом теле Якити. Она представила, как вода заполняет впадины над выпирающими ключицами и остывает в них. Надтреснутый суховатый голос Якити эхом отзывается под потолком. Он звал: «Сабуро! Сабуро!»

— Да, хозяин!

— Экономь дрова! С сегодняшнего дня ты будешь мыться вместе с Миё, долго не задерживайтесь. Если купаться раздельно, то на это уйдет много времени. Разрешаю вам взять на пару поленьев больше.

После Якити шла очередь Кэнсукэ и его жены, затем мылась Асако с двумя детьми. Внезапно Эцуко тоже захотела принять ванну, чем весьма удивила Якити.

Эцуко полностью погрузилась в воду, пальцами ног она нащупала клапан. Сабуро и Миё должны были идти последними. Теплая вода коснулась щек. Она окунула забинтованную руку под воду и вынула клапан.

«Я не могу позволить Сабуро и Миё купаться вместе».

Вот что заставило Эцуко полезть в ванну, несмотря на простуду.

Якити не отказывал себе в удовольствиях: он соорудил офуро размером в четыре татами, квадратная ванна была сделана из кипарисовой древесины, рядом стояла переносная перегородка — тоже из кипариса. Ванна была просторной, но мелковатой. Горячая вода с журчанием, словно по ракушкам, устремилась в отверстие. Неожиданно на губах Эцуко заиграла довольная улыбка. Она не сходила с лица, пока Эцуко созерцала грязную черную воду.

«А что, собственно, я такого натворила? Что смешного в этой проделке? Даже у детей бывают серьезные причины для проказ: они проказничают, чтобы привлечь к себе внимание равнодушных взрослых. Для них это единственный способ добиться своего. Дети очень чувствительны. Когда на них не обращают внимания, они ощущают себя брошенными. Неразделенная любовь чаще всего бывает у детей и у женщин — у них один мир брошенных. Как правило, обитатели этого мира бывают жестоки без всякого умысла».

Щепки, выпавшие волоски, слюдяные маслено-мыльные пятна, медленно кружась, плавали на поверхности воды. Эцуко приподнялась, обнажив плечи. Она положила руки на край ванны, прижалась щекой к плечу. Вдруг наружу выплеснулась вода. Обнаженное тело, разогретое в теплой воде, поблескивало в тусклых лучах электрической лампочки. Эцуко ощутила всю бесполезность и беспомощность ее упругих и блестящих рук, прижатых к щекам. Она была унижена бесплодностью своих усилий. «Все прахом! Все прахом, прахом!» — повторяла она.

Молодость переполняла ее плоть. Этот маленький, глупый и слепой зверек выводил ее из равновесия.

Волосы были зачесаны наверх, гребень удерживал их в пучке. Время от времени на них и на затылок падали с потолка капельки воды. Она ни разу не уклонилась от них — сидела неподвижно, уткнувшись лицом в плечо. Забинтованную руку она держала снаружи. Несколько капель упало на повязку. Она ощущала приятную прохладу.

Тепловатая вода стекала в отверстие очень медленно. Граница между теплой водой и воздухом все опускалась — от плеч к груди, от груди к животу, от живота к бедрам. Контраст воды и воздуха ощущался как прикосновение, как ласка. Ей было немного щекотно. Затем по коже пробежала холодная дрожь. Холод словно бы сковал ее тело. Спина заледенела. Вода стала завихряться — все быстрей и быстрей. Бедра оголились.

«Вот это и есть смерть! Да, это смерть!»

Эцуко едва не вскрикнула от ужаса. Она тут же встала из ванны и присела на колени — обнаженная, одна в пустой комнате.

По дороге в комнату Якити она встретила в коридоре Сабуро и Миё, небрежно бросив им через плечо: «Ах да! Я совсем забыла, что вы еще не купались. Воду-то я спустила! Прошу прощения». Миё так и не поняла, что́ скороговоркой проговорила госпожа. Она в недоумении смотрела на ее дрожащие и бескровные губы.

* * *

Этим вечером Эцуко почувствовала недомогание — поднялась температура. Она слегла в постель на несколько дней. На третий день температура стала спадать. Было двадцать четвертое октября. После полудня на нее навалилась усталость. Она прилегла вздремнуть. Проснулась глубокой ночью. Якити лежал рядом, посапывая во сне. Настенные часы негромко пробили одиннадцать. Словно предвещая бесконечные ночи одиночества, пролаяла Магги. Беспричинный страх охватил Эцуко. Она разбудила Якити. Из-под одеяла вынырнула его рука в клетчатом кимоно. И, неловко схватив руку Эцуко, он вздохнул.

— Не убирай руку, пожалуйста, — сказала она, пристально вглядываясь в темноту, — рисунок на потолке казался ей чудовищем. Она не видела лица Якити. Он тоже не смотрел на Эцуко.

— Хорошо, — сказал он и помолчал. Потом шумно откашлялся. Достал из-под подушки салфетку и сплюнул.

— Сегодня Миё спит в комнате Сабуро, да? — спросила Эцуко через мгновение.

— Да, спит.

— Ты утаил от меня, но я все равно догадалась. Я всегда знаю, чем они занимаются.

— Завтра утром Сабуро уезжает в Тэнри, на фестиваль. Ничего не поделаешь — ночь перед расставанием.

— Да, конечно.

Эцуко освободила руку. Укутавшись в ночное кимоно, она тихо всхлипнула. Эта двусмысленная ситуация привела Якити в замешательство. «Почему я не сержусь? — подумал он. — Что, разве у меня уже нет силы сердиться?» Может быть, несчастье этой женщины превратило Якити в ее тайного сообщника?

— Что ни говори, а деревенская жизнь тебе не по нраву, действует на нервы, докучает тебе, — ласковым и хрипловатым голосом произнес Якити, делая вид, что уже засыпает. — Скоро годовщина смерти Рёсукэ. Я обещаю, что на его могилу в Токио мы поедем вместе. Я попросил Камисаку-сана, чтобы он продал мне несколько акций железной дороги Кинки. Мы можем роскошно проехать во втором классе — если захотим, конечно. Однако если сэкономить деньги на дороге, то в Токио можно хорошо провести время. Например, посмотреть спектакль. Мы уже давно никуда не выбирались. Коль едешь в Токио, нужно получать удовольствие. — (Раньше он частенько затуманивал женщинам голову разными прожектами — он выдумывал их на ходу, сам себя вводя в заблуждение; его речи были беспомощны и нерешительны, скользкие, как трепанг.) — Передо мной, однако, стоят более грандиозные планы. Я думаю, что надо перебираться из Майдэн в Токио и возвращаться на службу. Двое или трое моих старых знакомых уже вернулись к делам в Токио. Они не такие выдающиеся, как Мияхара, но на них можно положиться. Стало быть, когда поедем в Токио, у меня будет возможность встретиться со старыми приятелями... Таково мое решение. Ты знаешь, это не простое решение, но, принимая его, я думал только о тебе. Если тебе там будет хорошо, то мне и подавно. Если ты будешь счастлива, то я тоже буду счастлив. Жизнью в Майдэн я доволен, но, когда ты приехала сюда, я почувствовал себя прямо-таки мальчишкой.

— Когда мы отправляемся?

— Как насчет тридцатого, экспрессом «Хэйва»? Ты готова? Мой хороший знакомый в Осаке — начальник железнодорожной станции. В ближайшие дни поеду за билетами.

Эцуко ожидала услышать из уст Якити другие слова. Не о поездке были ее мысли. В душе Эцуко росло отчуждение. В тот момент, когда она была готова принять его предложение, стать перед ним на колени, ее сердце сжалось. Теперь она раскаивалась в том, что протянула ему свою горячую руку. Ее ладонь ныла, словно ее припекали тлевшие угли.

— Прежде чем мы уедем в Токио, я хотела бы попросить вас об одной услуге: уволить Миё, пока Сабуро будет в Тэнри.

— Что за странная просьба?

Якити не был удивлен. Если в разгар зимы больная хочет видеть, как распускается цветок асагао, кто этому удивится.

— Что тебе с того, что я уволю Миё?

— Ничего. Я знаю, что все мои страдания по ее милости. Из-за нее я стала болезненной дурнушкой. Ни в одном доме не станут держать служанку, которая доводит свою хозяйку до болезни, разве не так? В конце концов она убьет меня когда-нибудь, я уверена. Если вы не прогоните ее, то будете ответственны за мою смерть. Кто-то из нас должен уйти — я или она! Если вы хотите, чтобы я ушла, то завтра же я отправляюсь в Осаку и найду там работу.

— Прекрати! Ты сильно преувеличиваешь. Что скажут люди, если я без повода уволю Миё?

— Ну хорошо. Тогда ухожу я! Я больше не желаю здесь оставаться.

— В таком случае поедем в Токио, как я предлагал.

— Вместе с вами, отец? — без обиняков спросила Эцуко.

В ее словах Якити почувствовал силу. Он отчетливо понял смысл сказанных слов и перебрался к ней в постель.

Эцуко лежала неподвижно, облаченная в ночное кимоно, как в доспехи, и пристально смотрела в лицо Якити. Они не произнесли ни одного слова. Пара раскрытых глаз, в которых не было ни жалобы, ни злобы, ни отвращения, ни любви, заставила Якити пойти на попятную.

— Нет, нет! — произнесла Эцуко бесстрастным голосом. — Только когда Миё будет уволена. А сейчас нет.

Когда успела Эцуко обрести это умение отказывать? Раньше, еще до простуды, она, бывало, едва почувствует, как Якити карабкается к ней на коленях, словно какой-то сломанный механизм, тут же закрывала глаза. Все, что происходило, пока глаза были закрыты, происходило где-то на периферии ее сознания. То, что происходило с ее телом, Эцуко относила к событиям внешнего мира.

Где заканчивался ее внутренний мир и начинался внешний? Внутренний мир этой женщины, где в удушливом заточении разворачивалась какая-то скрытая деятельность, становился взрывоопасным. Вот по этой причине нерешительность Якити смешила Эцуко.

— Ты стала скрытной, с тобой трудно ладить. Ничего не поделаешь. Поступай, как тебе угодно. Пусть уходит Миё, если ты так хочешь. Однако...

— Однако что? Сабуро?

— Я не думаю, что ему это понравится.

— Сабуро тоже уйдет, — отчеканила Эцуко. — Он уйдет следом за Миё, непременно. Они же любовники... Мне кажется, единственный способ избавиться от Сабуро без осложнений — это позволить уйти Миё. Для меня будет лучше, если он уйдет, но я не хочу брать на себя обязанность извещать его об этом.

— Ну вот, мы пришли к единому мнению, — сказал Якити.

Узнав о том, что Эцуко обожглась и простудилась, Кэнсукэ расценил это как уклонение от работы. «Уж кому и бегать от трудовой повинности, так по старшинству полагается мне», — посмеиваясь, говорил Кэнсукэ. Так или иначе, на плечи Кэнсукэ легла обязанность по уборке урожая этого года, поскольку Миё была беременна на четвертом месяце и не могла выполнять тяжелую работу, а Эцуко ходила с ожогами. Ему пришлось работать на рисовом поле, выкапывать картофель, собирать фрукты. Он работал с ленцой, всегда чем-то недовольный, без конца бормотал что-то себе под нос.

* * *

После земельной реформы попадали под разверстку даже лоскутные земельные наделы, которые раньше можно было укрыть от налогообложения.

В преддверии ежегодного фестиваля в Тэнри Сабуро работал не покладая рук. Уборка фруктов в основном была закончена. Он работал расторопно, энергично — в перерывах косил траву, копал картофель, пахал на зиму землю. Работа под осенним прозрачным небом еще больше покрыла его тело загаром, превратила его в крепкого юношу — он выглядел старше своих лет.

Его голова была коротко острижена, всем своим видом он напоминал молодого бычка — в нем чувствовалось совершенство. Однажды он получил страстное письмо от малознакомой девушки из ближайшей деревни. Он с радостью прочитал это письмо вслух Миё. Потом получил еще одно письмо от другой девушки. Однако на этот раз он промолчал. Это не значило, что он хотел сохранить его в тайне, просто ему нечего было скрывать. Он вовсе не собирался идти на свидание или писать ответное письмо. Он был молчалив по характеру.

Как бы там ни было, для него это был новый опыт. Если бы Эцуко догадывалась, что Сабуро понимает, насколько он любим, то у нее появился бы значительный шанс. Он смутно стал осознавать, что имеет влияние на окружающий мир.

Его новый жизненный опыт, приобретенный вместе с осенним загаром лица, обнаруживался в легком налете юношеского высокомерия — раньше в его поведении такого не наблюдалось. Даже Миё, которая, как любая влюбленная женщина, стала чувствительной, заметила эти перемены. Однако все изменения в нем Миё объясняла себе его новой ролью супруга.

Сабуро уезжал утром двадцать пятого октября. Он был облачен во все праздничное — старый пиджак Якити, в его брюки цвета хаки, в носки, подаренные Эцуко, и полукеды. Школьный ранец из грубой парусины, который он повесил за плечи, служил ему дорожной сумкой.

— Посоветуйся с матушкой о свадьбе, хорошо? И пригласи ее к нам в гости, чтобы она познакомилась с Миё. Она может остаться у нас на два-три дня, — сказала Эцуко.

Она сама не понимала, почему напоминала ему о давнишней договоренности. Может быть, она хотела усложнить ситуацию, загнав себя в еще более затруднительное положение? Или это была попытка отговорить себя от задуманного? Что будет чувствовать мать Сабуро, которая, приехав на смотрины, обнаружит, что невесты нет и в помине?

Встретив Сабуро в коридоре — он шел в комнату Якити, чтобы попрощаться, — Эцуко скороговоркой произнесла напутствие.

— Хорошо, большое спасибо! — ответил Сабуро.

В его глазах был беспокойный блеск. В них отражалась воля и решимость предпринять эту поездку. Он был подчеркнуто вежлив. Никогда еще Сабуро не смотрел так открыто в глаза Эцуко. Она хотела, чтобы он крепко обнял ее... или хотя бы пожал руку. Эцуко невольно протянула правую руку с заживающим ожогом. Однако, подумав, что следы от ожога, которые он почувствует на своей ладони, будут вызывать у него неприятные воспоминания, она отдернула руку. На мгновение Сабуро растерялся. Он еще раз приветливо моргнул, потом повернулся спиной к Эцуко и поспешил дальше по коридору.

— Этот ранец кажется таким легким. Как будто ты идешь в школу, — сказала вслед Эцуко.

До моста его провожала Миё. Это было ее право. Следя за ними, Эцуко была свидетельницей их прощания — она отмечала каждую подробность.

Сабуро остановился на краю гравийной дорожки — дальше вниз по холму сбегали каменные ступени. Он повернулся лицом к Якити и Эцуко, которые вышли во двор, и помахал им рукой. Облик Сабуро, улыбающегося белозубой улыбкой, отчетливо стоял перед глазами Эцуко даже после того, как его фигура скрылась в тени алеющих кленов.

Наступал час, когда Миё должна была убирать комнаты. Она появилась минут через пять, вяло поднимаясь по каменным ступеням, покрытым солнечными пятнами.

— Сабуро уже ушел? — задала ничего не значащий вопрос Эцуко.

— Да, ушел, — равнодушно ответила Миё.

По ее лицу нельзя было понять, что она чувствует — печаль или радость.

Провожая Сабуро, Эцуко почувствовала жгучую нежность. Она критически посмотрела на себя. Чувство вины переполнило ее. Она подумала: не отказаться ли от замысла уволить Миё?

Однако, вновь увидев на ее лице привычно тупое выражение, Эцуко рассердилась. Она с легкостью решительно вернулась к первоначальному замыслу, от которого только что готова была отказаться.

ГЛАВА ПЯТАЯ

— Сабуро вернулся! Я видела его из нашего окна. Он идет короткой дорогой через рисовое поле со стороны поселка. Странно, он, кажется, идет один, без матери. — Взволнованная Тиэко примчалась на кухню со срочным сообщением. Там Эцуко готовила ужин. Это произошло вечером двадцать седьмого — на следующий день после фестиваля в Тэнри.

Держа над печкой шампур, Эцуко поджаривала скумбрию. Услышав новость, она убрала шампур с рыбой на подставку и поставила на огонь железный чайник. Ее неторопливые движения были изысканны. Эцуко дала понять Тиэко, что лучше бы им подняться на второй этаж.

— И впрямь этот парень, Сабуро, способен всех переполошить, — недовольно сказал Кэнсукэ, лежа в постели с романом Анатоля Франса в руках. Но, встав, подошел к окну, где обе женщины следили за движущейся фигуркой. Солнце наполовину зашло за окраину рощи. Над поселком горел закат.

* * *

Между наделами, на которых рис был почти убран, спокойным шагом двигался человек. Точно, это был Сабуро. Что же удивительного в этом?

Ведь он возвращается в условленный день, в условленный час.

Впереди него двигалась длинная тень, падавшая наискось. Чтобы ранец не подпрыгивал за плечами, он придерживал его рукой, словно школьник. Сабуро был без шляпы, шагал уверенно, спокойно, безмятежно. Тропинка, по которой он шел, вела напрямик к шоссе. Он свернул направо и пошел дальше через рисовые поля по меже. Теперь его шаг стал осторожным, он нащупывал ногами тропинку между выстроенными в ряд сушилками с рисом.

Эцуко почувствовала сильное сердцебиение. Оно не было вызвано ни радостью, ни страхом. Она не знала, чего ей ждать — беды или счастья. Однако она ощущала себя накануне события, которое так или иначе должно завершить ее томление. Сердце колотилось от волнения. Она не могла вымолвить ни одного слова. Кое-как пересилив себя, она обратилась к Тиэко:

— Что мне делать? Я не знаю, как мне быть!

Как бы удивились Тиэко и Кэнсукэ, если б услышали эти слова из уст Эцуко месяц назад! Эцуко изменилась. Вместо былой сильной женщины рядом с ними стояла совсем беспомощная. Что могла она ждать от Сабуро, который ничего не подозревал, — нежную улыбку или грубую брань, когда он узнает всю правду? Единственно, что она знала наверняка, — это то, как будут разворачиваться события дальше: Сабуро выбранит Эцуко, а потом и сам последует за Миё. С завтрашнего дня Эцуко уже никогда не увидит его. Нет, конечно, если она захочет, то сможет увидеть его в последний раз из окна второго этажа, издали...

— Не глупи! Возьми себя в руки! — сказала Тиэко. — Если ты нашла мужество выгнать Миё, то, значит, тебе по силам вынести что угодно. Ты убедила нас в этом. Мы восхищаемся тобой.

Тиэко крепко обняла ее за плечи, словно младшую сестренку.

Прогнав Миё, Эцуко совершила первый шаг к капитуляции перед страданиями: она начала сдаваться. Тем не менее в глазах Кэнсукэ и его жены ее поступок выглядел как первое наступление, предпринятое Эцуко.

«Выгнать из дома женщину, беременную на четвертом месяце, погрузить скарб на ее плечи — это мужественный поступок», — размышляла Тиэко, взволнованная до глубины души. Плач и слезы Миё, беспощадность и невозмутимость Эцуко, которая без всяких объяснений насильно сопровождала Миё на станцию, заталкивала ее в поезд, — все эти мелодраматические события, очевидцами которых были вчера Тиэко и Кэнсукэ, привели их в сильное возбуждение. Они и вообразить не могли, что в Майдэн возможно подобное. Эцуко была похожа на полицейского — она вышагивала вниз по лестнице вслед за Миё, за плечами которой висела корзина на плетеном шнурке.

Якити заперся в своей комнате. Когда Миё пришла попрощаться, он только и сказал ей из-за двери, не показываясь на глаза: «Спасибо за долгую службу!» Асако была поражена, она недоумевала, не находила себе места. Однако Кэнсукэ и Тиэко торжествовали: они понимали, в чем причина инцидента, поэтому не нуждались в объяснениях. Их тщеславие было сродни тщеславию газетных писак, которые мнят себя пророками.

— Тебе потребовалось столько сил, чтобы пройти весь этот путь, и теперь ты можешь рассчитывать на нашу помощь. Мы сделаем для тебя все, что в наших силах, — сказал Кэнсукэ.

— Ради тебя, Эцуко, я сделаю все, честно говорю. Перед отцом тоже не надо стесняться, — вторила Тиэко.

Окружив Эцуко с обеих сторон, они говорили, перебивая друг друга. Эцуко поднялась. Она поправила руками волосы, направилась к туалетному столику с зеркалом.

— Я воспользуюсь вашим одеколоном?

— Пожалуйста!

Эцуко взяла зеленый флакончик, несколько капель уронила на ладонь, нервно смочила волосы на висках.

Зеркало на туалетном столике покрывала шелковая цветастая накидка в стиле юдзэн, давно выцветшая. Эцуко даже не подумала отодвинуть ее. Она боялась взглянуть на свое лицо, а ведь раньше ее беспокоило, как она будет выглядеть перед Сабуро, встреча с которым должна была произойти с минуты на минуту. Она приподняла край шелковой накидки. Ей показалось, что губы слишком ярко накрашены. Краешком носового платка она стерла помаду.

Что происходит с нашей памятью? В то время как совершаемые нами поступки не оставляют в ней и следа, нас продолжает волновать память сердца. Та Эцуко, которая вчера и бровью не повела, услышав рыдания Миё, когда той объявили об увольнении без вразумительных объяснений; та Эцуко, которая вчера провожала эту жалкую беременную служанку, взвалив ей на плечи ее пожитки, и буквально запихивала ее в поезд, сегодня была другой: трудно было поверить в то, что вчерашняя Эцуко и Эцуко сегодняшняя — одна и та же женщина. Она не чувствовала раскаяния и не дрогнула ни одним мускулом, чтобы обуздать ожесточение своего сердца. Вновь и вновь она ощущала себя беспомощной, крепко связанной цепью прошлых страданий, безвольным звеном в вихре страстей. Может быть, злом называется то, что ввергает человека в безразличие?

Кэнсукэ и Тиэко не упустили случая, чтобы и ей дать совет:

— Если сейчас у Сабуро возникнет ненависть к тебе, все пойдет прахом.

— Положение исправимо — если бы отец признался в том, что прогнал Миё по своей воле. Однако ему никогда не хватало великодушия, — сказала Тиэко.

— Он сказал, что не будет объясняться с Сабуро, пусть его избавят от такой ответственности, — сказала Эцуко.

— Естественно, другого он и не мог сказать. Как бы там ни было, положись на меня. Я не принесу тебе вреда. Давайте скажем ему, что Миё получила телеграмму, будто бы ее мать тяжело больна, и поэтому она уехала на родину, — предложила Тиэко.

Эцуко пришла в себя. Она увидела перед собой не добрых советчиков, а лицемерную парочку, тешащуюся чужим несчастьем. Если бы она послушалась их, то ее вчерашняя решительность, которую она ни от кого не скрывала, просто потеряла бы всякий смысл. Может быть, настаивая на увольнении Миё, она таким образом признавалась в любви к Сабуро? Во всяком случае, Эцуко охотно склонялась к мысли, что этот поступок был совершен ради нее самой, ради того, чтобы она могла жить дальше, был продиктован долгом, а потому неизбежен.

— Сабуро должен знать, что это я уволила Миё. Я сама скажу ему об этом. И прошу вас не вмешиваться больше. Я справлюсь сама.

Кэнсукэ и Тиэко выслушали ее хладнокровное решение.

— Рассуди здраво! Если ты так поступишь, то все пойдет насмарку, — сказала Тиэко.

— Тиэко предлагает разумный план. Доверься нам. Мы плохого не посоветуем.

Слегка скривив рот, Эцуко загадочно улыбнулась. Она подумала, что если повернется к ним спиной, то рассердит их. Но это был единственный способ избавиться от них. И, словно большая ленивая гусыня, расправляющая крылья, она засунула руки за пояс и поднялась с места.

— Я не нуждаюсь в помощи. Я справлюсь, не беспокойтесь, — сказала она и стала спускаться по лестнице.

Кэнсукэ и его жена онемели от такой неблагодарности. Они рассердились, как рассердился бы всякий, кто мчится тушить пожар, а регулировщик на дороге преграждает ему путь. Правда, эта семейная парочка была из тех доброхотов, которые несутся на пожар с тазиком.

— С какой завидной легкостью она пренебрегает нашей любезностью, да? — сказала Тиэко.

— Кстати, почему не приехала мамаша Сабуро? — спросил Кэнсукэ.

Возвращение Сабуро привело Эцуко в смятение. Супруги были настолько поглощены переживаниями, что забыли обсудить эту животрепещущую тему. Тиэко сожалела о досадном промахе.

— Ну ладно, хватит об этом! Впредь мы не станем больше помогать ей. Нам и своих проблем хватает.

— Со стороны наблюдать куда спокойней, — поддержал ее Кэнсукэ. В то же время он, как высокая, благородная натура, склонная к созерцанию человеческих трагедий, был недоволен своей непричастностью к событиям.

* * *

Эцуко спустилась на первый этаж. Она присела у плиты, сняла чайник, опять поставила шампур. На край веранды Якити установил доску, на которой поместил переносную плиту и на которой он вместе с Эцуко готовил для себя рис и жарил овощи. Так как Миё уже не было, приготовлением риса занимались все по очереди. Сегодня была очередь Асако. Присматривать за маленьким Нацуо осталась Нобуко. Она нянчила его, напевая колыбельную песенку. Вдруг смех разлетелся эхом по комнатам, всколыхнув застоявшиеся сумерки.

— В чем дело? — спросил Якити, выйдя из комнаты. Он присел на корточки рядом с плитой. Суетливо взял палочки для еды и стал переворачивать рыбу.

— Сабуро вернулся.

— Он уже здесь?

— Нет еще.

В нескольких шагах от веранды росла живая изгородь из чайных кустов. На кончиках листвы дрожали последние лучи закатного солнца. Черными силуэтами отовсюду высовывались тугие бутоны. Две или три веточки, освещаемые снизу яркими лучами, тянулись вверх.

Весело насвистывая, Сабуро поднимался по каменным ступеням.

В памяти Эцуко всплыла отчетливая картина: она играет в шашки с Якити; появляется Сабуро, чтобы пожелать спокойной ночи, — и она не в силах повернуться к нему лицом. Эцуко закрыла глаза.

— А вот и я! — известил о себе Сабуро, едва показавшись из-за ограды. Рубаха была нараспашку, из ворота торчала смуглая шея. Взгляд Эцуко натолкнулся на простодушную улыбку на юном лице. Точно такой же открытой улыбкой он уже улыбался ей однажды. Ее пристальный взгляд сопровождала мучительная сладостная боль.

— А, это ты!

Якити небрежно поклонился. Он не смотрел на Сабуро. Все его внимание было направлено на Эцуко.

Капельки жира стекали со скумбрии, пламя вспыхивало раз за разом. Эцуко была неподвижна. Тогда Якити быстро погасил пламя.

«В чем дело? Весь дом переживает любовную драму Эцуко, а этот щенок и усом не ведет!» — думал Якити. Он еще раз задул пламя, отвратительно раздувая щеки.

Только сейчас Эцуко поняла, что у нее не хватит храбрости во всем признаться Сабуро; решимость, которую она неистово демонстрировала перед Кэнсукэ и его женой, оставила ее.

Разве можно устоять перед этой чистой, невинной улыбкой! Куда подевалась ее храбрость? Только сейчас она почувствовала себя беспомощной...

С самого начала можно было предвидеть, что Эцуко не выдержит. А не было ли в ней тайного желания хоть чуть-чуть продлить время, когда она могла бы жить под одной крышей с Сабуро, пока кто-нибудь не расскажет ему о ее возмутительном поступке?

— Странно, он пришел без матери, — сказал Якити.

— И в самом деле! — подозрительно быстро согласилась Эцуко, словно сама впервые обратила на это внимание. — Не пойти ли спросить его, — может быть, она приедет попозже?

— Успокойся! Если будешь спрашивать, то тебе придется упомянуть Миё, это неизбежно, — ироническим тоном перебил ее Якити, сморщив лицо: от него повеяло старостью.

* * *

В последующие два дня вокруг Эцуко установилось странное затишье. Все это напоминало ситуацию, когда безнадежно больной человек вдруг начинает проявлять труднообъяснимые и обманчивые признаки выздоровления, медперсонал теряет бдительность, вновь обретает надежду, с которой уже все расстались, но болезнь словно бы насмехается над людьми.

Что же произошло? Может быть, это называется счастьем?

Эцуко вышла на улицу, долго выгуливала Магги. Якити собрался в город за билетами на экспресс. Провожая его, Эцуко добрела до станции Окамати. На протяжении всего пути она ни разу не спустила собаку с поводка. Это было двадцать девятого после полудня.

Она уже приходила сюда три дня назад, когда провожала Миё, и тогда у нее было суровое выражение лица. А теперь на этой станции она долго и непринужденно разговаривает с Якити — он в костюме, в руках держит трость, облокотившись на недавно выкрашенный забор. Удивительно, что сегодня он даже сбрил усы. Якити пропустил уже несколько поездов, следующих до станции Умэда.

Эцуко светилась счастьем, сегодня она не была похожа на себя. Это настораживало Якити. Вокруг них беспокойно металась Магги, что-то вынюхивала, срывала с места Эцуко, которая время от времени теряла равновесие. Она одергивала собаку, рассматривала пассажиров. Они проходили мимо, останавливались у мясной лавки, потом у книжной, но ничего не покупали. Ее взор был затуманен, она слегка улыбалась. Над киосками колыхались желтые и красные флажки с рекламой детских журналов. После полудня подул резкий ветер. Туман начал рассеиваться.

«Интересно, она потому сегодня счастлива, что решилась наконец поговорить с Сабуро? Может быть, поэтому она отказывается ехать со мной в Осаку? Тогда почему она не возражает против завтрашней совместной поездки, еще более дальней, чем эта?»

Якити заблуждался. Много часов подряд Эцуко предавалась размышлениям. В конце концов она столкнулась с таким хаосом, что это привело ее в оцепенение. Вот почему она казалась спокойной и счастливой.

Вчера Сабуро провел весь день, будто ничего не произошло. Он был в поле, косил траву. И не проявлял никакого беспокойства. Когда Эцуко проходила мимо, он снял соломенную шляпу в знак приветствия. Сегодня утром все повторилось.

Этот молчаливый по натуре юноша никогда не поддерживал разговора, на вопросы отвечал односложно. Он не чувствовал себя одиноким, проводя целые дни в молчании. Была бы рядом Миё, он, расплескивая энергию, шутил бы вволю. Весь его облик сиял молодостью. Даже его молчаливость не позволяла думать о том, что у него внутри идет напряженная работа мысли. Однако если бы его тело могло говорить, то каждый мускул, каждый волосок, каждая жилка воспели бы гимн природе и солнцу. И ноги, и руки, и грудь, и шея, и голова — все во время работы захлебывалось от многоголосия самой жизни.

Создавалось впечатление, что в глубине простой и бесхитростной души он хранил беспечную уверенность в том, что Миё по-прежнему является членом дома Сугимото, что она куда-то уехала по делам с ночевкой и должна скоро вернуться. Наверное, он немного беспокоился по поводу ее отсутствия, но обратиться с вопросом к Якити или Эцуко не отваживался.

Размышляя о причине его спокойствия, Эцуко стала склоняться к мысли о том, что Сабуро полностью находится в ее руках. Она медлила с признанием. К счастью, Сабуро ничего не знал, он не выяснял отношений с Эцуко, не собирался бежать вдогонку за Миё. Эцуко не решалась объясниться, ее храбрость таяла. Однако здесь, возможно, была еще одна подоплека: казалось, причиной ее нерешительности было не малодушие, а скорее желание продлить мгновение счастья, которое она мыслила только вместе с Сабуро.

Да, почему же Сабуро приехал без матери? Ни о путешествии, ни о фестивале в Тэнри он не обмолвился ни одним словом. Эцуко терялась в догадках.

...Причиной нового беспокойства Эцуко стали ее неопределенные желания: выразить их она не могла, а если бы это удалось, то они показались бы такими смехотворными, невзрачными, крошечными. Ее фантазии и надежды затмевало чувство вины, а робость не позволяла ей открыто взглянуть в лицо Сабуро...

«Этот парень, Сабуро, никогда не теряет голову. Почему он такой спокойный? — размышлял Якити. — Я думал — да и Эцуко тоже, — что если мы уволим Миё, то он в тот же миг помчится вслед за ней. Видимо, мы просчитались. Что-то, видно, не учли. А что, собственно, волноваться? Скоро все кончится. Мы отправимся в путешествие. Кто знает, представится ли еще такой счастливый случай, когда мы приедем в Токио?»

Эцуко привязала Магги к забору и повернулась лицом к железной дороге. Солнечные лучи, проникая сквозь облака, поблескивали на рельсах, поверхность которых была испещрена многочисленными царапинами. Отблески, вызывая в глазах Эцуко резь, как ни странно, действовали на нее успокоительно. На потемневшем щебне между рельсами серебрились металлические опилки. Вскоре рельсы задрожали, передавая отдаленный глухой звук.

— Я надеюсь, что дождя не будет, — вдруг сказала Эцуко, обращаясь к Якити. Она вспомнила о поездке в Осаку в прошлом месяце.

— Навряд ли будет дождь, судя по облакам, — задумчиво ответил Якити, глядя в небо. Земля задрожала — подъезжал поезд.

— Вы едете? — впервые спросила Эцуко.

— А почему бы тебе не поехать со мной? — строго спросил Якити, вынуждеппый повысить тон из-за оглушительного грохота поезда.

— Посмотрите, во что я одета! В повседневное платье! Да и собака со мной, — ответила Эцуко, явно отговариваясь.

— Магги можно оставить хозяину книжной лавки. Я часто к нему захожу, он любит собак.

Эцуко раздумывала над предложением, пока отвязывала собаку. Вдруг Эцуко пронзила боль, едва она представила себе, что сейчас вернется домой и на весь вечер останется наедине с Сабуро. Она не могла прийти в себя с того момента, когда он вернулся из Тэнри: ей с трудом верилось, что он где-то рядом, что он никуда не уехал. Когда он работал в ее присутствии, Эцуко охватывала тревога. Еще больше она пугалась, видя его в поле усердно орудующим мотыгой с таким видом, будто ничего не случилось.

Вчера после обеда она долго прогуливалась в одиночестве. Не убегала ли она от своего страха?

— Хорошо, я еду с вами, — сказала она, отвязав Магги.

И вот она здесь, в центре Осаки, идет вместе с Якити. Она мечтала когда-то идти по безлюдной автомобильной дороге вместе с Сабуро. Какие странные повороты бывают в жизни человека! Когда они вышли наружу и смешались с толпой, то поняли, что прошли через подземный переход, ведущий от железнодорожной платформы под универмагом Ханкю к станции Осака. Якити взял Эцуко за руку. Выставляя вперед трость, он двинулся через перекресток.

Их руки расцепились.

— Быстрей, быстрей! — громко кричал он с противоположной стороны дороги.

Они обошли стороной автостоянку и, шарахаясь от непрерывно сигналящих автомобилей, стали пробираться сквозь толпу на станции Осака. Какой-то подозрительный тип, увидев человека с поклажей, пытался навязать им билеты на ночной поезд. Эцуко обернулась к нему, обратив внимание на его тонкую загорелую шею — как у Сабуро.

Пройдя через большой зал, наполненный крикливыми сообщениями громкоговорителя о прибытии и отбытии поездов, они оказались в безлюдном коридоре. Вверху над головой они увидели табличку с надписью: «Начальник станции».

...Якити оставил Эцуко в комнате ожидания. Пока он разговаривал с начальником станции, Эцуко решила отдохнуть на диванчике, покрытом холщовым чехлом в белую полоску. Внезапно она задремала. Проснулась она от громкого телефонного звонка. Созерцая в просторном помещении жизнь конторских служащих, она чувствовала, что силы оставляют ее. Более того, она испытывала боль в сердце просто потому, что вокруг кипела жизнь. Прислонив голову к спинке дивана, Эцуко предалась созерцанию соблазнительного зрелища — на столе надрывается телефон от пронзительных звонков, беспрерывно оглашающих комнату ожидания.

«Телефон. Больно знакома мне эта сцена. Это было давно, немало прошло времени с тех пор... Какой странный механизм: издавая обыкновенный звонок, он может смешать все чувства человека! Через него проходит столько страстей, любовных признаний, ненависти, — неужели он нисколько не чувствует человеческой боли? Или эти телефонные звонки и есть сама боль, конвульсивная и невыносимая?»

— Извини, я заставил тебя ждать. Билеты все же я получил. На завтрашний экспресс было очень трудно найти свободные места. — Якити всунул в протянутую руку Эцуко два зеленых билета. — Второй класс! Исключительно ради тебя.

На самом деле билеты оказались в третий класс. И в последующие три дня они все еще не были распроданы. Билеты второго класса тоже можно было купить в кассах, однако Якити не посмел отказаться от предложенных билетов, так как для него было делом чести получить их через начальника станции.

Они направились в универмаг, купили там каждому по зубной щетке, зубную пасту, дневной крем-пудру для Эцуко и бутылку дешевого виски для прощальной вечеринки в доме Сугимото. Потом поехали домой.

Их вещи уже с утра были собраны. Уложив в чемодан купленные в Осаке принадлежности, Эцуко занялась приготовлением прощального ужина, несколько более праздничного, чем обычный. Асако и Тиэко тоже пришли помогать по кухне. Они практически не разговаривали друг с другом.

Обычаи формируют в людях немало предрассудков. К предложению Якити собраться всей семьей в одной комнате не все домашние отнеслись благожелательно. Такой многолюдности гостиная комната размером в двадцать татами еще не помнила.

— Эцуко, не кажется ли тебе смешным предложение отца? Можно подумать, что вы уезжаете в Токио насовсем. Не до смертного ли одра ты решила сопровождать его? Если так, то ты очень поможешь нам! Спасибо за труды, — сказал Кэнсукэ, беря руками рис.

Эцуко пошла проверить, убрана ли комната для вечеринки. Свет еще не зажигали. В слабом отблеске вечерней зари гостиная казалась огромной, пустой, заброшенной конюшней. Сабуро в одиночестве подметал татами, стоя лицом к окнам, выходящим в сад. С порога комнаты Эцуко пристально всматривалась в фигуру молодого мужчины. Ее необычайно тронуло непередаваемое одиночество, выраженное всем его обликом. Эцуко впервые увидела его как бы изнутри. Может быть, это открытие произошло благодаря сумеркам или на нее подействовал шорох метлы или то, как он держал метлу в руках?

Ее мучило чувство вины. Она не осмеливалась поднять на него глаза со вчерашнего дня, словно боялась обнаружить перед ним свои чувства.

Его одиночество казалось ей чистым и несокрушимым: чтобы проникнуть в него, Эцуко не могла найти ни одной лазейки. Испытывая жажду любви, она шла напролом — память и разум уже ничего не значили. О существовании Миё, которая и была, собственно, причиной угрызений ее совести, Эцуко забыла с легкостью. Она томилась мыслью о Сабуро, думая о его возможном проклятии. Само желание быть наказанной есть эгоизм в его чистой форме. Эта женщина, которая всегда думала только о себе, впервые в жизни отдалась настоящему эгоизму.

В полумраке Сабуро почувствовал присутствие Эцуко. Он обернулся:

— Что-то еще, госпожа?

— Ты уже заканчиваешь уборку?

— Да.

Эцуко прошла в комнату, огляделась вокруг. Прислонив к плечу инструмент, Сабуро замер. На нем была рубаха цвета хаки, рукава закатаны. Эцуко стояла рядом с ним в темноте, словно призрак. Он чувствовал, как ее грудь вздымается волнами.

— Послушай, — с трудом сказала Эцуко. — Сегодня вечером, в час ночи, хоть и поздно, приходи на окраину виноградного поля. Я хочу поговорить с тобой перед отъездом.

Сабуро молчал.

— Ну что, придешь?

— Да, госпожа.

— Так придешь или нет?

— Приду.

— В час ночи. На виноградном поле. И чтобы никто не знал!

— Да.

Сабуро неуклюже отстранился от Эцуко, стал мести куда попало.

* * *

В гостиной была вкручена лампочка на сто ватт. Когда зажгли свет, то оказалось, что она едва-едва накаляется ватт на сорок. Тусклый электрический свет в комнате казался еще темнее, чем вечерние сумерки на улице.

— Да, настроение хуже некуда, — сказал Кэнсукэ.

Время от времени члены семьи отрывались от еды и по очереди сокрушенно поглядывали на лампочку.

Все сидели полукругом, каждый за своим столиком. В центре, спиной к токонома, сидел Якити. На прощальный ужин собралось восемь человек, включая Сабуро. В глубоких фарфоровых чашах, произведенных в Арита, была подана рыба с овощами, приправленная сладкой соей. Похоже, что блюда нельзя было разглядеть, поэтому Кэнсукэ предложил сдвинуть столы под лампочкой. Казалось, что все семейство собралось не на прощальный банкет, а на поздний ужин после общей работы.

Подняв стаканы с второсортным виски, все оживленно приветствовали друг друга.

Эцуко, поглощенная мучительными сомнениями, не замечала комического выражения на лице Кэнсукэ; она не слышала ни Тиэко, которая в этот вечер была болтлива, как вульгарная женщина, ни громкого здорового смеха Нацуо. Она взбиралась на вершину страданий, словно по крутым горным уступам, и они увлекали ее все выше и выше.

Однако, в отличие от прежних, ни на что не похожих страданий, нынешние были вполне заурядны. И первые признаки этого появились в тот момент, когда она решила прогнать Миё. Она словно бы пыталась войти в те двери, из которых все выходили. Эти двери вели на высокую пожарную башню, куда не всякий отважится подняться. Там, наверху, в комнате без окон Эцуко обитала с давних пор. Она могла бы убиться насмерть, если, решив выйти наружу, сделала бы один неосторожный шаг. Возможно, что единственным разумным основанием выйти наружу из темной комнаты был страх остаться в ней навечно.

Эцуко сидела рядом с Якити. Она избегала встречаться взглядом со своим пожилым сотрапезником, пристально глядя, как Кэнсукэ наполняет стакан Сабуро, сидящего напротив нее. Он держал стакан в широких крестьянских ладонях. Янтарная жидкость красиво мерцала на свету. Он держал стакан так бережно, словно утешал его, убаюкивал.

«Не надо столько пить, — мысленно внушала ему Эцуко. — Если ты много выпьешь, то сегодняшний вечер будет испорчен. Ты напьешься, пойдешь спать, и на этом все закончится. А у меня этот вечер — последний. Завтра я уже буду в пути».

Когда Кэнсукэ еще раз хотел наполнить его стакан, Эцуко не выдержала и заслонила его рукой.

— Ну же, сестричка, не будь занудой! Позволь твоему братцу выпить.

Кэнсукэ впервые в присутствии всей семьи намекнул на отношения между Эцуко и Сабуро.

Сабуро не понял этого намека. Взяв стакан, он рассмеялся. Эцуко тоже смеялась. Прикинувшись невозмутимой, она сказала:

— Он еще несовершеннолетний. Вредно для здоровья.

Она быстро схватила бутылку.

— Вы послушайте, она говорит как председатель общества по защите прав молодежи! — не без враждебности сказала Тиэко. Она, как всегда, была на стороне мужа.

С тех пор как уехала Миё, прошло три дня, но о ней почему-то никто вслух не вспоминал. Внешняя любезность, уравновешенная скрытой враждебностью, делала упоминание о ней излишним. Якити прикидывался, что ни о чем не ведает; Кэнсукэ и Тиэко не вмешивались; Асако не имела привычки разговаривать с Сабуро. Связанные молчаливым договором, они негласно поддерживали табу. Однако если бы кто-нибудь его нарушил, то могла случиться беда. Вот и у Тиэко появилась возможность вывести Эцуко на чистую воду.

«Что мне делать? Не признаться ли во всем сегодня вечером? Нужно поспешить, пока кто-нибудь меня не опередил. Он, наверное, не будет сердиться; он будет просто отмалчиваться, чтобы скрыть печаль. Хуже всего, если он станет улыбаться всем подряд, делая вид, что прощает меня. И тогда все закончится! Неужели мои страдания, которые я напророчила себе, мои несбыточные мечты закончатся крахом, моей гибелью? До первого часа ночи не должно случиться ничего нового».

Эцуко сидела молча, с побледневшим лицом.

На помощь пришел Якити. Едва ли он улавливал причину обеспокоенности Эцуко, но по своему опыту знал, насколько глубокой может быть ее тревога, поэтому он стал снисходительным тоном заступаться за Эцуко перед Кэнсукэ и его женой. Пускаясь в разглагольствования, на какие был способен еще со времен своего директорства, он спасал не только Эцуко, но и завтрашнее путешествие, и атмосферу вечеринки.

— Сабуро, тебе уже достаточно. В твоем возрасте я не курил, а еще меньше пил саке. Ты не куришь, это похвально. Пока ты молод, не стоит увлекаться всякими излишествами — хотя бы ради будущего. Легко пристраститься к саке, однако пить его следует после того, как перевалит за сорок. Даже в таком возрасте, как у Кэнсукэ, рановато пить саке. Конечно, сейчас другое время, другое поколение. Понятно, что надо принимать во внимание различие между поколениями...

Все молчали. Вдруг Асако громко вскрикнула:

— Надо же! Нацуо заснул. Пойду-ка я укладывать его в постель.

Асако, встав на колени, взяла на руки спящего Нацуо, поднялась. Вслед за ней пошла Нобуко.

— Ну что? Последуем примеру Нацуо и будем потихоньку расходиться, — предложил Кэнсукэ, хорошо зная характер Якити. — А ты, Эцуко, верни мне бутылку, пожалуйста. На этот раз я буду пить один.

Эцуко, не глядя, взяла бутылку и поставила перед Кэнсукэ. Она хотела было отвести взгляд от Сабуро, но не смогла. Каждый раз, когда их взгляды встречались, он смущался и отводил глаза. Все ее мысли были заняты завтрашней поездкой, которую она приняла покорно, как веление судьбы. Теперь, однако, она стала сомневаться в неизбежности этого путешествия, чувствуя, что судьба может увести ее в другую сторону. Она думала не о Токио, а о винограднике на окраине поля.

Тот земельный участок, который в доме Сугимото называли виноградником, на самом деле был занят персиковыми деревьями. Там же стояли три заброшенные теплицы. Рядом пролегала тропинка. По ней семья Сугимото хаживала в горы любоваться цветением сакуры или в соседнюю деревню.

Других поводов ходить на виноградник — этот заброшенный остров в четверть акра земли — у них не было.

* * *

...Все мысли Эцуко были заняты приготовлениями: она с нетерпением ждала, когда повстречается с Сабуро, мысленно прикидывала, в какой обуви она пойдет на свидание, как ускользнуть от бдительного Якити; представляла, как будет открывать заднюю дверь на кухне, чтобы скрипом не разбудить домашних; охваченная беспокойством, она прокручивала в голове каждый шаг, тщательно продумывая все мелочи.

Порой, идя на попятную, она думала, что, рассчитывая на долгий разговор с Сабуро, ей не следовало бы так уж таиться, назначать свидание в столь поздний час где-то в поле. И тогда все ее ухищрения казались ей просто смешными. Она склонялась к мысли, что лучше было бы откровенно поговорить несколько месяцев назад, когда еще никто не догадывался о ее влюбленности; а поскольку ее тайна стала достоянием почти всех, то этот разговор должен был бы состояться где-нибудь на улице в дневное время, чтобы избежать разных кривотолков. Во время этого свидания она хотела сделать свое жалкое признание — ничего больше.

Какую цель преследовала Эцуко, тщательно нагнетая вокруг своих отношений атмосферу таинственности?

С этой тайной, ставшей очевидной всем, Эцуко хотела прийти в эту последнюю ночь на свидание с Сабуро. Это, возможно, была первая и последняя тайна, имеющая отношение к нему. Она хотела разделить ее только с Сабуро. Если даже она ничего не получит взамен, то она все равно хотела, чтобы он был посвящен в эту маленькую и совершенно безвредную тайну. Она чувствовала, что обладает правом на ответный подарок...

* * *

В середине октября по ночам становится холодно. Якити уже спал в шерстяной шапочке, которая служила ему ночным колпаком. К тому же это был особый знак для Эцуко. Когда он забирался в постель и натягивал на голову шерстяную шапочку, это означало, что сегодня он не нуждается в Эцуко. Если он ложился без шапки, то, стало быть, он хотел, чтобы она пришла к нему.

Прощальная вечеринка закончилась в одиннадцать часов. Эцуко тотчас услышала сонное дыхание Якити. Перед отъездом необходимо было до утра хорошо выспаться. Его шерстяная шапочка сползла набок, обнажив седые жирные волосы. Они еще не полностью побелели и казались грязными, словно их осыпали пеплом.

Эцуко не спалось. Она зажгла ночничок, чтобы почитать книгу, и уставилась на черную шапочку Якити. Через некоторое время она погасила свет. Если бы Якити проснулся и увидел ее в столь поздний час за книгой, он был бы очень удивлен.

Она лежала в постели и ждала почти два часа, которые длились целую вечность. В ее мечтаниях — страстных и несбыточных — тайное свидание с Сабуро рисовалось чем-то радостным и нескончаемым. А о своей страшной тайне, связанной с Миё, она совершенно забыла, как забывает помолиться монахиня, охваченная любовной страстью.

Эцуко прокралась на кухню, где припрятала повседневное платье. Она надела его поверх ночной рубашки, повязалась красным узким поясом и стареньким шерстяным шарфом радужной расцветки, облачилась в черное узорчатое сатиновое пальто. Магги была на привязи, спала в своей конуре возле веранды, поэтому можно было не опасаться, что она залает. Через заднюю дверь на кухне Эцуко вышла в ночь. Ночное небо освещала луна, поэтому было светло как днем. Сначала она направилась к комнате Сабуро. Окно было отворено. Его постельное белье было отброшено в сторону. Видимо, он выпрыгнул из окна и первым ушел на виноградник. То, что он сдержал свое слово, обнадежило ее, наполнив небывалой радостью — такой чувственной, что у нее защекотало в груди.

Между домом и виноградником, который называли «задворками», была низина, где выращивали картофель. Недалеко от дома тянулись, шириною в несколько шагов, бамбуковые заросли. Из-за них контуры теплиц были совершенно неразличимы. Эцуко шла вдоль картофельного поля по узкой меже, заросшей густой травой. Где-то ухала сова. Картофель был уже выкопан. Рыхлые комья земли, освещаемые лунным светом, выглядели как топографическая модель горных хребтов из папье-маше. Там, где тропа поросла терновником, на грядках виднелись следы от резиновой подошвы спортивной обуви. Здесь прошел Сабуро.

Эцуко вышла на окраину бамбуковых зарослей и направилась в сторону ветвистого дуба, который рос на углу виноградника. Сквозь ветви проникал лунный свет. Сабуро, позевывая, стоял у входа в разбитую стеклянную теплицу.

Его коротко остриженные волосы серебрились в лунном свете. Он был без верхней одежды. Казалось, ему совсем не холодно. На нем был только серый вязаный свитер, подаренный Якити. Увидев Эцуко, он резко опустил руки. Сдвинув пятки, он издали поклонился. Эцуко подошла ближе. Она не могла произнести ни слова. Огляделась вокруг. Потом сказала:

— Здесь, наверное, негде присесть.

— В теплице есть стул, — ответил он.

Эцуко не услышала в его словах ни смущения, ни стыдливости. Он, наклонив голову, вошел внутрь теплицы. Она последовала за ним. Почти вся крыша была разбита. На полу, покрытом соломой, вырисовывались отчетливые тени от деревянных рам и сухих листьев винограда. Там же лежал маленький стул с круглым сиденьем. Его не пощадили дожди. Сабуро взял полотенце и вытер стул, потом предложил его Эцуко. Сам он примостился на край ржавой железной бочки. Сидя на ней, он с трудом сохранял равновесие, поэтому пересел на пол, поджав ноги, словно щенок.

Эцуко молчала. Сабуро взял с полу соломинку. Он стал накручивать ее на палец. Соломинка скрипела.

— Это я уволила Миё, — решительно сказала Эцуко.

Сабуро посмотрел на нее снизу вверх как ни в чем не бывало:

— Я знаю.

— Кто тебе сказал?

— Я слышал это от госпожи Асако.

— Асако?..

Сабуро снова опустил голову, продолжая накручивать соломинку на палец. Ему было неловко смотреть в удивленные глаза Эцуко.

Эцуко казалось, что он чем-то подавлен. Этот юноша с потупленным взглядом вызывал в ней жалость. Его вид неожиданно разбудил ее воображение. В голове роились догадки: она думала, что в последние дни он изо всех сил старался быть веселым, чтобы скрыть свою печаль из-за внезапного увольнения его возлюбленной, но в конце концов она прорвалась наружу. Ей казалось, что за его покорностью — мужественной, ни с чем не сравнимой и удивительно здоровой — скрывается ожесточенное молчаливое сопротивление. Его безмолвный протест был для нее больнее любого оскорбления. Эцуко, сидя на стуле, нервно сплетала и расплетала пальцы. Низкий жалобный возглас вырвался из ее груди. Время от времени ее голос срывался в рыдание — как бы ни пыталась она подавить свои пылкие чувства. Однако порой казалось, что она гневается.

— Пожалуйста, прости меня! Я очень страдаю. Я ничего не могла поделать. Ведь ты солгал мне, ты солгал, что не любишь Миё, а выясняется, что вы любите друг друга. Сколько мучений принесла мне твоя ложь! Ты совсем не замечал моих страданий. И вот, чтобы дать почувствовать тебе, как я страдаю, я была вынуждена причинить тебе такую же боль. Ты даже представить себе не можешь, какие муки я претерпела. Если вынуть из моей груди эту боль и сравнить с твоей, то сразу стало бы видно, кому из нас пришлось хуже. Из-за этого я потеряла над собой контроль, обожгла на костре руку. Вот посмотри! Это из-за тебя! Ты причина этого ожога!

Эцуко протянула ладонь со следами ожога. На нее упал лунный свет. Словно чего-то ужасного, Сабуро коснулся слегка кончиков ее пальцев и быстро отдернул руку.

«В Тэнри я видел нищего — он точно так же протягивал руки за милостыней, выставляя свои раны. Воистину это было страшно. Госпожа гордится своими ранами, как тот нищий», — подумал Сабуро.

Однако он не понимал, что причиной ее гордости были страдания, а не раны. Он до сих пор не догадывался, что Эцуко любит его.

В многословном признании Эцуко он улавливал только то, что было доступно его пониманию. Он видел перед собой женщину, которая страдает. Только это было очевидно для него. А разве не хочется утешить страдающего человека? Он не знал, как ее утешать.

— Не переживайте! Не надо беспокоиться обо мне. Конечно, мне немного грустно, что Миё нет рядом, но это пройдет, — сказал он.

Эцуко не поверила в его искренность. Она не ожидала от него такого великодушия. Эцуко недоверчиво смотрела на него, пытаясь угадать в его простодушном милом сочувствии вежливую ложь.

— Ты снова лжешь! Тебя насильно разлучили с любимым человеком, а ты говоришь, что все пройдет. Разве это возможно? Я искренно признаюсь тебе во всем, прошу у тебя прощения, а ты таишь от меня свои чувства. Что, разве в твоем сердце нет прощения для меня?

Сабуро растерялся, не зная, что сказать в ответ. Сабуро подумал, что если он подтвердит свое признание в нелюбви к Миё, в которое Эцуко не поверила и за которое стала серьезно упрекать его, обвиняя во лжи, то, наверное, это должно ее утешить. Он осторожно произнес:

— Я не обманываю. Вам не надо беспокоиться обо мне. Я правда не люблю Миё.

Эцуко рассмеялась почти навзрыд:

— Ты снова лжешь! Ты, ты что же, думаешь, что меня можно одурачить твоим младенческим враньем?

Сабуро растерялся еще больше. Он не знал, как разговаривать с такой трудной женщиной. Он решил, что лучше помолчать.

Наступила тишина. Эцуко впервые вздохнула с облегчением. Вдалеке промчался ночной товарный поезд. Она прислушалась к сигналам. Сабуро не слышал их — он был погружен в свои мысли.

«Что я должен сказать ей, чтобы она поверила мне? Раньше она приставала ко мне с вопросом, люблю ли я или не люблю, словно от этого зависело, перевернется ли мир вверх тормашками или нет; а теперь она не хочет верить ни одному моему слову. Ну хорошо! Ей нужны какие-то доказательства? Я расскажу все как есть. Она непременно должна поверить».

Оставаясь сидеть на прежнем месте, он сменил позу и заговорил уверенно:

— Я не вру! Я никогда не хотел, чтобы Миё стала моей женой. В Тэнри я разговаривал с матерью. Она против моей женитьбы. Она говорит, что мне еще рано жениться. Я не мог ей сказать, что у нас будет ребенок, — она была бы против еще больше. Она говорит: «Как я могу принять невестку, если она мне не нравится? Я даже видеть не хочу эту отвратительную девчонку!» Вот почему она не приехала в Майдэн и тотчас уехала из Тэнри домой.

Его рассказ был простодушен и косноязычен, но абсолютно правдив. Эцуко, словно во сне, припала к этому ускользающему, ослепительному мгновению радости — жадно, самозабвенно, без боязни. Пока он говорил, глаза ее вспыхивали огнем, а ноздри подрагивали. Она сказала в полудреме:

— Что ж ты раньше молчал? Почему, почему ты не сказал раньше? — Она продолжала в полузабытьи: — Ах вот в чем дело! Вот почему ты приехал без матери! — И снова спрашивала его: — Значит, исчезновение Миё тебя вполне устраивало, да?

Трудно было понять, чем был этот поток слов: мыслями вслух или продолжением разговора? В этот момент она предавалась грезам: саженцы вырастали в плодоносные деревья, а пташки превращались в драконов. Так беспочвенные надежды Эцуко, обретая конкретные очертания, грозили воплотиться в жизнь.

«А что, если Сабуро любит меня? Я должна набраться мужества. Я должна выяснить. Не бойся, если не так. Если я не ошибаюсь, то буду счастлива. Это ведь так просто!»

— В таком случае кого же ты любишь? — спросила Эцуко.

Она, умная женщина, совершила ошибку. Не слова могли сблизить ее с Сабуро в этой ситуации. Если бы она протянула руку и нежно прикоснулась к его плечу, то, возможно, между ними что-нибудь и произошло бы. Вот тогда случилось бы чудо: соприкоснувшись телесно, эти две разнородные души сплавились бы в одно целое. Однако между ними, как несговорчивые призраки, стояли слова. Сабуро не понял, почему у Эцуко вспыхнули щеки. Он оторопел, словно ученик начальных классов, которому подсунули неразрешимую математическую задачку.

«Любит... Не любит... — думал он про себя. — Одно и то же!»

Словами пользуются как паролем. На первый взгляд это очень удобно. Однако Сабуро слова только мешали. Они надевали на его вольготную и бесхитростную жизнь хомут избыточных смыслов, которые опрокидывали ее. А он не помышлял расставаться со своей прежней жизнью. Кроме того, он чувствовал, что в словах есть какой-то неточный или общий смысл, в котором он совершенно не нуждается. Он пользовался словами как всякой утварью, как домашними вещами. Однако у него не было даже своей комнаты, где он мог бы устроить свой быт, и, более того, ему казалось крайне нелепым, когда некоторые жильцы сжигают весь дом, чтобы избавиться от утвари.

Молодой мужчина стоял напротив молодой женщины. Сабуро поцеловал Миё. У них все вышло естественно. Они предавались плотским утехам. Вскоре у Миё стал расти живот. Затем Сабуро пресытился Миё. Это тоже естественно. Их ребяческие забавы продолжались недолго. Он был бы рад позабавиться еще с кем-нибудь, кроме Миё.

Сказать, что Сабуро пресытился Миё, — значит быть неточным. Просто он не всегда ее хотел.

Есть порода людей, чья логика мышления однозначна: если ты разлюбил одного, то, следовательно, у тебя есть кто-то другой; а если ты любишь другого, то, следовательно, любить кого-то еще ты уже не можешь. Сабуро не принадлежал к таким людям.

Вот почему вопрос Эцуко его озадачил.

Кто загнал в тупик этого невинного мальчика? Кто виноват в том, что он был вынужден дать легкомысленный ответ?

Сабуро подумал, что он должен полагаться не на чувства, а на житейский опыт семьи, в которой живет. С малых лет он воспитывался в чужом доме, питался с чужого стола и поступил так, как поступал всегда.

«А ведь на глаза госпожи навернулись слезы! Понятно. Она хочет, чтобы я назвал ее имя. Это точно».

Сабуро сорвал черную высохшую виноградину. С потупленным взором, перекатывая в ладонях виноград, он простодушно произнес:

— Вас, госпожа!

Тон выдал лживость его признания. Таким тоном обычно говорят: «Я вас не люблю!» Не надо иметь много ума, чтобы разгадать его бесхитростную ложь. Но Эцуко успокоилась. Цель была достигнута. Она убрала волосы назад обеими руками. Голова остыла от ночного воздуха. Спокойным, скорее даже мужественным голосом сказала:

— Ну, пора возвращаться. Завтра уезжаем рано. Если не высплюсь, то...

Левое плечо Сабуро опустилось. Он был недоволен. Поднялся.

Эцуко укуталась в радужный шарфик, почувствовав холод воротника. Сабуро обратил внимание на ее губы — они поблескивали в темноте. На Эцуко падала тень сухой виноградной листвы.

Тягостный разговор утомил Сабуро. Он смотрел снизу вверх на Эцуко и видел в ней не женщину, а загадочное существо вроде сфинкса или чудовища, ведущего свою непонятную жизнь. Это был оголенный комок плоти и нервов, который кровоточил, страдал, ликовал и выл.

Однако, когда Эцуко поднялась, кутаясь в воротник, Сабуро впервые почувствовал в ней женщину. Эцуко направилась к выходу из теплицы. Сабуро протянул руку, преградив ей путь. Эцуко повернулась к нему грудью и пронзила его взглядом.

Как весло лодки, плывущей по темной, затянутой водорослями воде, ударяется о днище встречной лодки, его рука натолкнулась на грудь Эцуко.

Под ее пристальным взглядом Сабуро не сделал ни одного шага назад. Он нерешительно открыл рот, но не обронил ни звука. Словно успокаивая самого себя, он весело рассмеялся, затем моргнул раза два или три.

Эцуко в это мгновение тоже молчала. Может быть, она наконец поняла, что словами нельзя ничего сказать? Или она, ощутив себя однажды на краю бездны, была зачарована зрелищем настолько, что забыла обо всем на свете и крепко держалась руками за отчаяние, как за что-то реальное и надежное? Тело Эцуко покрылось потом. Без всякого сопротивления она была сжата молодым энергичным телом. Дзори слетела с ноги и перевернулась вверх подошвой.

Не давая себе отчета в том, что делает, она замахнулась на него. Замахнулась так, будто хотела опереться на него рукой.

Сабуро обхватил ее шею обеими руками и не отпускал. Он хотел припасть губами к ее губам, но она отворачивала лицо. Сабуро подвернул ногу, споткнулся о стул и ударился коленом о соломенный настил. Воспользовавшись заминкой, Эцуко вывернулась из его рук и выбежала из теплицы.

Почему Эцуко закричала? Почему стала звать на помощь? Кого она звала, кроме Сабуро, чье имя было ей желанно? Разве кто-то еще мог подать ей руку помощи, кроме Сабуро? Тогда кого же она звала на помощь? От чего спасалась? Где она находится? Куда ей бежать? Откуда ждать спасения?

Сабуро догнал Эцуко, повалил ее в заросли мисканта возле теплицы. В высоком травостое лежало ее тело, руки были изрезаны листьями. Кровь смешалась с по́том, но она не замечала ран на своих руках.

Красное, потное, сияющее лицо Сабуро оказалось вблизи ее лица. «Какое страстное, ослепительное, возбужденное лицо мужчины! Есть ли в этом мире что-нибудь прекраснее этого лица?» — думала Эцуко.

Несмотря на желание, ее тело продолжало сопротивляться.

Прижав ее руками и грудью, Сабуро, как бы играя, оторвал зубами пуговицу на ее черном шелковом пальто. Эцуко была почти без памяти. Она чувствовала только тяжесть огромной головы, перекатывающейся по ее груди. Эцуко была переполнена нежностью.

В этот момент она вновь закричала.

Пронзительный крик подействовал на Сабуро отрезвляюще. Прежде чем испугаться, его проворное тело приготовилось к побегу. Мысль о побеге была продиктована не чувством и не рассудком — это был инстинкт животного, почуявшего опасность для жизни. Он отпрянул от Эцуко и помчался в сторону от дома Сугимото.

Силы Эцуко как будто удесятерились. Еще мгновение назад впавшая в оцепенение, полузабытье, тут она резко вскочила на ноги и стремительно помчалась за Сабуро. Сабуро, вырываясь из цепких женских рук, схвативших его за бедра, волочил за собой Эцуко по тернистым кустам.

— Подожди! Подожди! — кричала она.

Но чем громче она кричала, тем быстрее убегал Сабуро.

* * *

Открыв глаза, Якити обнаружил пустую постель Эцуко. Его кольнуло нехорошее предчувствие. Он пошел в комнату Сабуро. Его постель тоже была пуста. За окном виднелись следы его обуви.

Он спустился на кухню. В открытые задние двери светила луна. «Если они вышли в эти двери, то могли уйти только в грушевый сад или на виноградник», — предположил он. Земля в саду была рыхлой — Якити подкапывал ее каждый день. Он пошел по тропинке, ведущей к винограднику.

Пройдя немного, Якити остановился, вернулся в амбар. У дверей амбара стояла мотыга. Он взял ее в руки без всякой надобности. Может быть, для самозащиты?

Когда он достиг окраины бамбуковых зарослей, послышался вопль Эцуко. С мотыгой на плече Якити бросился бежать на крик. Спасаясь бегством, Сабуро обернулся. Вслед за ним бежал Якити. Сабуро подвернул ногу. Задыхаясь, он остановился и ждал, когда Якити приблизится.

* * *

Эцуко поняла, что у Сабуро вдруг почему-то иссякли силы. Она остановилась в недоумении. Никакой боли в теле она не чувствовала. В этот момент рядом с ней упала чья-то тень. Она обернулась. Опустив мотыгу на землю, в пижаме стоял Якити. Рубаха на груди была распахнута, обнаженная грудь тяжело вздымалась.

Эцуко без страха взглянула в глаза Якити.

Он дрожал, все его старческое тело тряслось. Не выдержав пристального взгляда Эцуко, он опустил глаза.

Эцуко вспыхнула от ярости. Его слабость и нерешительность вывели ее из себя. Выхватив из рук старика мотыгу, она замахнулась на ошеломленного Сабуро, который стоял рядом, ни о чем не подозревая и ничего не понимая. Мотыга отскочила от плеча. Белое, хорошо вымытое лезвие садануло Сабуро по затылку.

Юноша издал негромкий звук, застрявший где-то в гортани. Он наклонился вперед. Следующий удар рассек череп наискось. Сабуро схватился руками за голову и повалился наземь.

Якити и Эцуко замерли. Они смотрели, как в полумраке корчилось его тело.

Спустя несколько секунд безмолвия, которое длилось целую вечность, Якити с трудом выдавил:

— Зачем ты убила его?

— Затем, что ты не убил его!

— Я не собирался его убивать.

Эцуко взглянула на Якити безумным взглядом:

— Врешь! Ты собирался его убить. Я ждала, когда ты убьешь его. Иначе ты бы не спас меня. Ты колебался. Ты стоял здесь и дрожал. Позорно дрожал! Вот я и убила его.

— Не надо сваливать на меня свою вину.

— Я сваливаю на тебя вину? Завтра же, как только проснусь, я пойду в полицию. Одна пойду!

— Постой! Не спеши. Нужно хорошенько подумать. И все же почему, скажи, почему тебе нужно было убивать его?

— Он мучил меня, вот почему!

— Это не его вина!

— Не его вина? Это не так! Он мучил меня, вот и получил по заслугам. Никто не смеет мучить меня. Никому не позволено причинять мне боль.

— Кем не позволено?

— Мной! Если я так решила, то от своего решения никогда не отступлюсь.

— Ты и впрямь страшная женщина.

Только сейчас Якити вздохнул с облегчением. Он понял, что не является виновником преступления.

— Послушай, не надо спешить. Давай хорошенько подумаем, что нам делать. А пока мы ничего не придумали, нельзя, чтобы кто-то узнал.

Он взял из рук Эцуко мотыгу. Она была в крови.

Затем Якити совершил странный поступок. На ближайшем участке суходольного поля урожай риса был собран и земля перепахана. Словно работающий до полуночи трудолюбивый крестьянин, он стал усердно копать там яму.

Эцуко присела на край неглубокой могилы, над которой Якити трудился довольно долго. Она пристально смотрела на лежащее ничком мертвое тело Сабуро. Его свитер задрался, спина обнажилась. Из-под свитера выглядывала рубашка цвета хаки. Тело посинело, приобрело землистый оттенок. Лицо прижималось щекой к траве, во рту виднелись острые белые зубы. Казалось, что он улыбается. По лбу стекал мозг, веки были крепко смежены, глаза ввалились.

Закончив копать могилу, Якити подошел к Эцуко, легонько похлопал по плечу.

Прикасаться к туловищу, залитому кровью, было страшно. Якити взял труп за ноги и потащил его по траве лицом вверх. Капли крови на траве и земле были видны даже в темноте. Всякий раз, когда мертвое тело натыкалось на комья земли и рытвины, казалось, что Сабуро кивает головой.

Труп положили на дно неглубокой могилы и быстро засыпали землей. Лицо высовывалось из-под земли — глаза закрыты, а рот полуоткрыт, словно в улыбке. Передние зубы белели в лунном свете. Эцуко бросила мотыгу, взяла горсть рыхлой земли, присыпала рот. Земля просыпалась в полость рта, словно в темное отверстие. Вблизи могилы Якити нагреб мотыгой земли и завалил мертвое тело.

Место захоронения сильно возвышалось. Босыми ногами в таби Эцуко принялась утрамбовывать почву. Якити тщательно осмотрел поверхность земли, затоптал кровавые следы.

И все же земля в этом месте бугрилась. Он ползал на коленях, заметая следы...

* * *

Руки, запачканные кровью и землей, они вымыли на кухне. Эцуко стянула с себя пальто, сильно забрызганное кровью. Затем она сняла носки. Нашла припрятанные соломенные сандалии, обулась в них. У Якити дрожали руки, поэтому он не мог зачерпнуть воды. А вот Эцуко не дрожала. Зачерпнув воды, она тщательно смыла кровь над раковиной.

Она первой стала подниматься по лестнице, взяв с собой свернутые в узел пальто и носки. Только сейчас она почувствовала, что полученная во время борьбы с Сабуро рана слегка саднит. Это была не настоящая боль — так, пустяки.

Залаяла и тотчас умолкла Магги.

* * *

С чем можно сравнить сон, который, словно благословение, свалился на Эцуко, едва она легла в постель? Якити лежал рядом и с удивлением прислушивался к ее умиротворенному дыханию. Усталость, растянувшаяся на годы, бесконечная усталость, громадная усталость, несоизмеримая с только что совершенным Эцуко преступлением, усталость от бесчисленных страданий, отложенных в памяти для того, чтобы выплеснуться однажды в какой-нибудь поступок, — неужели эта усталость должна была быть платой за этот безвинный сон, в который погрузилась Эцуко?

Но сон ее был краток. Вскоре она проснулась. Ее окружала глубокая темень. Настенные часы тягостно отсчитывали секунду за секундой. Рядом лежал Якити — он дрожал и не мог заснуть. Эцуко даже не подумала позвать его. Никто бы и не услышал ее голоса. Она напряженно вглядывалась в темноту. Ничего не было видно.

Вдалеке послышались петушиные крики. Возвещая о наступлении рассвета, петухи перекликались друг с другом. Где-то на окраине — Эцуко не могла понять, где именно, — послышался одинокий крик петуха. В ответ ему раздался еще один. Потом третий. Ему вторили другие. Казалось, что предутренние крики петухов никогда не прекратятся. Они продолжались. Им не было конца...

...Однако ничего не случилось.

Мисима Ю.
М 65 Жажда любви : роман / Юкио Мисима ; пер. с яп. А. Вялых. — СПб. : Азбука, Азбука-Аттикус, 2017. — 224 с. — (Азбука-классика).
ISBN 978-5-389-12112-6

Юкио Мисима — самый знаменитый и читаемый в мире японский писатель. Прославился он в равной степени как своими произведениями во всех мыслимых жанрах (романы, пьесы, рассказы, эссе), так и экстравагантным стилем жизни и смерти (харакири после неудачной попытки монархического переворота).

«Жажда любви», одно из ранних и наиболее значительных произведений Юкио Мисимы, было включено ЮНЕСКО в коллекцию шедевров японской литературы. Действие романа происходит в послевоенное время в небольшой деревушке недалеко от города Осака. Главная героиня Эцуко, молодая вдова, одержима тайной страстью к юному садовнику...

УДК 821.521
ББК 84(5Япо)-44

Литературно-художественное издание

ЮКИО МИСИМА

ЖАЖДА ЛЮБВИ

Ответственный редактор Кирилл Красник

Художественный редактор Валерий Гореликов

Технический редактор Татьяна Раткевич

Компьютерная верстка Ирины Габовой

Корректоры Валентина Гончар, Ксения Казак

Главный редактор Александр Жикаренцев

Подписано в печать 17.01.2017. Формат издания 75 × 100 $^{1}/_{32}$.
Печать офсетная. Тираж 4000 экз. Усл. печ. л. 9,87. Заказ № 7325/17.

Знак информационной продукции
(Федеральный закон № 436-ФЗ от 29.12.2010 г.): 16+

ООО «Издательская Группа „Азбука-Аттикус“» —
обладатель товарного знака АЗБУКА®
119334, г. Москва, 5-й Донской проезд, д. 15, стр. 4

Филиал ООО «Издательская Группа „Азбука-Аттикус“»
в Санкт-Петербурге
191123, г. Санкт-Петербург, Воскресенская наб., д. 12, лит. А

ЧП «Издательство „Махаон-Украина“»
04073, г. Киев, Московский пр., д. 6 (2-й этаж)

Отпечатано в соответствии с предоставленными материалами
в ООО «ИПК Парето-Принт».
170546, Тверская область, Промышленная зона Боровлево-1,
комплекс № 3А.
www.pareto-print.ru

YVAK2014401R

ПО ВОПРОСАМ РАСПРОСТРАНЕНИЯ
ОБРАЩАЙТЕСЬ:

В Москве:
ООО «Издательская Группа „Азбука-Аттикус“»
Тел.: (495) 933-76-01,
факс: (495) 933-76-19
e-mail: sales@atticus-group.ru;
info@azbooka-m.ru

В Санкт-Петербурге:
Филиал ООО
«Издательская Группа „Азбука-Аттикус“»
Тел.: (812) 327-04-55,
факс: (812) 327-01-60
e-mail: trade@azbooka.spb.ru

В Киеве:
ЧП «Издательство „Махаон-Украина“»
Тел./факс: (044) 490-99-01
e-mail: sale@machaon.kiev.ua

Информация о новинках и планах на сайтах:
www.azbooka.ru,
www.atticus-group.ru

Информация по вопросам приема рукописей
и творческого сотрудничества
размещена по адресу:
www.azbooka.ru/new_authors/